FRANKFURTER BIBLIOTHEKSSCHRIFTEN Band 17 · 2015

T0122531

Richard Strauss – (k)ein Heldenleben

Spuren des Komponisten in Frankfurt am Main

Mit Beiträgen von Norbert Abels,
Ann Kersting-Meuleman und Friederike Wißmann

VITTORIO KLOSTERMANN FRANKFURT AM MAIN

Bibliographische Information der Deutschen Nationalbibliothek
Die Deutsche Nationalbibliothek verzeichnet diese Publikation in der
Deutschen Nationalbibliographie; detaillierte bibliographische Daten
sind im Internet über http://dnb.de abrufbar.

Frankfurter Bibliotheksschriften
Herausgegeben von den Freunden
der Universitätsbibliothek Frankfurt am Main e. V.
Band 17
© 2015 Freunde der Universitätsbibliothek Frankfurt am Main e. V.
Druck: betz-druck GmbH Darmstadt
ISBN 978-3-465-03910-5
ISSN 1612-7714

Inhalt

Einleitung

Der vorliegende Band ergänzt eine Ausstellung, die aus Anlass des 150. Geburtstages von Richard Strauss entstand. Sie wurde in Kooperation zwischen dem Musikwissenschaftlichen Institut der Goethe-Universität Frankfurt am Main, der Oper Frankfurt und der Universitätsbibliothek vorbereitet. Zu sehen war sie von Mitte Juni bis Ende Juli 2014 im Holzfoyer der Oper Frankfurt.

Zur Eröffnung der Ausstellung fand am 15.06.2014 ein von Prof. Dr. Friederike Wißmann organisiertes eintägiges Symposium mit musikalischem Rahmen statt. Prof. Dr. Norbert Abels (Frankfurt), Hartmut Keil (Frankfurt), Dr. Salome Reiser (München) und Dr. Melanie Wald-Fuhrmann (Frankfurt) waren die Referenten. An der anschließenden Diskussion nahmen auch die Sängerin Prof. Hedwig Fassbender und die Musikwissenschaftlerinnen Prof. Dr. Marion Saxer und Prof. Dr. Friederike Wißmann teil.

Initiiert wurde die Ausstellung von Studierenden der Musikwissenschaft der Johann Wolfgang Goethe-Universität Frankfurt am Main gemeinsam mit Prof. Dr. Friederike Wißmann und Dr. Ann Kersting-Meuleman.

In verschiedenen Workshops erarbeiteten die Studierenden thematische Schwerpunkte, die unter dem Titel „Richard Strauss – (k)ein Heldenleben" reflektiert wurden.[1] Im Fokus der Ausstellung stand einerseits die Beziehung Richard Strauss' zur Stadt Frankfurt, wo die Uraufführung seiner Sinfonischen Dichtung *Ein Heldenleben* op. 40 am 3. März 1899 mit dem Frankfurter Opern- und Museumsorchester unter der Leitung des Komponisten stattfand. Zudem wurden Frauen im Umfeld und in den Werken des Komponisten in

---

[1] Der naheliegende Titel fand in der Strauss-Forschung mehrfach Verwendung, darunter u. a. in einem Beitrag von Wolfgang Rathert '(K)ein Heldenleben?' – Strauss' Tondichtungen und die Idee der musikalischen Moderne (Salzburg 2013) und zwei Publikationen von Stephan Kohler (1999 und 2001).

1

den Blickpunkt genommen sowie in ausgewählten Inszenierungen der Werke betrachtet.

Richard Strauss verkörperte das Paradoxon eines Bürger-Künstlers, einer vielschichtigen Persönlichkeit, denn er stand im Spannungsfeld zwischen einem biedermeierlich-großbürgerlichen Lebensumfeld und einem kompositorisch radikalen Auftreten im Fin de Siècle. Während Strauss auf den Spielplänen der Opernhäuser prominent vertreten ist, tat sich die Wissenschaft lange schwer mit dem Komponisten. Auch die Bezeichnung „konservativer Modernist" brachte nur bedingt Klärung in die Strauss-Rezeption. Der Komponist polarisierte die Lager zwischen Verehrung und Verachtung. Besieht man die Argumente genauer, so spielen politische Aspekte eine große Rolle. Besonders kritisch sah ihn Theodor W. Adorno. In einem Essay von 1964 artikulierte er den Vorwurf, Strauss habe „die Substanz des Tonsatzes" dem glitzernden „Gewand der klanglichen Aussenseite" geopfert und damit zunehmend den Anschluss an die Musik der Gegenwart Preis gegeben. Immerhin steht der Essay am Beginn einer musikalisch-analytischen Auseinandersetzung, die das Werk von gänzlich außermusikalischen Inhalten zu trennen versucht.

Weil Strauss eine profilierte Künstler-Figur im Nationalsozialismus war, bestand die Versuchung zu einseitiger Polemik. Seine politische Haltung bleibt fragwürdig in den Koordinaten aus ehrgeizigem Opportunismus, karrieristischer Gleichgültigkeit und naiver Gutgläubigkeit. Eben diese Ambiguität interessierte die Studierenden, weshalb die Ausstellung formal in Kontrasten aufgebaut war: der Privatmann steht dem Taktiker, die Ehegattin der femme fatale und das Klischee vom Bürger dem Künstlertypus gegenüber.

Den Studierenden ging es weniger darum, dem Komponisten im Jubiläumsjahr ein weiteres Denkmal zu setzen. Vielmehr sollten die Widersprüche in Werk und Leben von Strauss in den Blick genommen werden. Der Frage nach den Ursachen für die Diskrepanz von extremer Verehrung und massiver

Ablehnung des Strauss'schen Schaffens wurde ebenso nach-gegangen wie der spannungsreichen Relation zwischen Selbstbild und Fremdbild.

Die Frankfurter Bibliotheksschriften haben unter anderem das Ziel, besondere Sammlungen der Universitätsbibliothek in Bild und Text vorzustellen. Zu Richard Strauss und seinen Werken ist die Quellenlage höchst erfreulich, da die Abteilung Musik, Theater, Film vor allem in der Sammlung Friedrich Nicolas Manskopf vielfältiges Quellenmaterial verwahrt. Dieses wird in mehreren thematischen Abschnitten behandelt.

An dieser Stelle möchten wir uns bei den Freunden der Universitätsbibliothek für die Aufnahme des Strauss-Bandes in ihre Publikationsreihe bedanken.

Während der Arbeit an diesem Band verstarb unsere Kollegin und Symposiumsteilnehmerin Salome Reiser, seit 2011 Editionsleiterin der Strauss-Ausgabe an der Ludwig-Maximilians-Universität München. Ihr ist dieser Band gewidmet.

Ann Kersting-Meuleman, Friederike Wißmann

Biographie

1864

11. Juni: Geburt von Richard Georg Strauss in München; sein Vater Franz Strauss ist Hornist, seine Mutter Josephine entstammt der wohlhabenden Münchener Brauereifamilie Pschorr.

1875

Klavierunterricht bei Carl Niest; Unterricht in Theorie, Komposition und Instrumentation bei Friedrich W. Meyer.

1881

Der Festmarsch für großes Orchester op. 1 wird vom Verlag Joseph Aibl gedruckt; Hermann Levi führt die unveröffentlichte Symphonie in d-Moll, das Streichquartett A-Dur op. 2 und drei Lieder nach Texten von Emanuel Geibel auf.

1882

Studium der Philosophie, Ästhetik und Kulturgeschichte an der Münchner Universität (nur ein Semester); Besuch der Bayreuther Festspiele mit dem Vater (u. a. Uraufführung des *Parsifal*).
Uraufführung der Bläserserenade op. 7 unter Franz Wüllner in Dresden und des Violinkonzertes op. 8 unter Benno Walter in Wien. Der Achtzehnjährige hat bereits rund 140 Stücke komponiert, darunter ca. 40 Lieder und 60 Werke für Klavier.

1884

Erste öffentliche Orchesterdirigate; Uraufführung der Symphonie op. 12 in f-Moll in New York.

1885

Leitung der Meininger Hofkapelle in Vertretung für Hans von Bülow (bis zum April 1886).

Richard Strauss als junger Mann (um 1890)

1886

Die Freundschaft zu Alexander Ritter prägt sein musikalisches Schaffen und führt zur Auseinandersetzung mit der Ästhetik von Wagner, Liszt und der Philosophie Schopenhauers. Vom Antisemitismus Ritters wie auch dem seines Vaters bleibt Strauss nicht unbeeinflusst.

Besuch der Bayreuther Festspiele (*Tristan* und *Parsifal*); Anstellung als dritter Kapellmeister an der Münchener Hofoper; erste Italienreise.

1887

7. Januar: Aufführung der f-Moll-Symphonie op. 12 im sechsten Museumskonzert (Frankfurt am Main).

Uraufführung der ersten Symphonischen Dichtung *Aus Italien* op. 16; Begegnung mit Gustav Mahler in Leipzig; Gastdirigat in Mailand.

1888

Zweite Italienreise von Mai bis Juni; Skizzen der ersten Themen zu *Don Juan*.

1889

18. Januar: Aufführung von *Aus Italien* op. 16 in Frankfurt am Main.

Anstellung als Hofkapellmeister in Weimar; Musikalische Assistenz bei der Aufführung des *Parsifal* in Bayreuth; Bekanntschaft mit Cosima Wagner.

1890

28. Februar: Aufführung von *Don Juan* op. 20 in Frankfurt am Main.

1891

13. November: Aufführung von *Tod und Verklärung* op. 24 in Frankfurt am Main.

Frankfurt am Main.
Winter 1891—92.

Drittes
Museums-Concert
Freitag den 13. November 1891
Abends 6½ Uhr
im großen Saale des Saalbaues.
Dirigent: Herr Kapellmeister Gustav Kogel.

Programm.

Erster Theil.

1. **Ouverture** zu der Oper „Der Freischütz" . C. M. v. Weber.
2. **Concert** für Violine mit Orchesterbegleitung
   No. 3 in D-moll, op. 58 . . . . . M. Bruch.
   Professor J. Joachim.
3. **Tod und Verklärung.** Tondichtung für
   großes Orchester, op. 24 . . . . . R. Strauß.
   Erläuterndes Gedicht s. umstehend.

Zweiter Theil.

4. **Symphonie** in C-dur (No. 7 der Breit-
   kopf & Härtel'schen Ausgabe) . . . . J. Haydn.
5. **Adagio** aus dem Violinconcert No. 22 in
   A-moll . . . . G. B. Viotti.
   Präludium, Menuett und Gavotte für
   Violine . . . . J. S. Bach.
   Professor J. Joachim.
6. **Ouverture** zu „Egmont" . . . . . L. van Beethoven.

Programm des Konzerts der Frankfurter Museums-Gesellschaft
vom 13. November 1891

8

1892

Im Mai schwere Rippenfellentzündung; Erholungsreise nach Griechenland und Ägypten; Entwurf zur ersten Oper *Guntram*.

1894

Heirat mit der Sängerin Pauline de Ahna. Uraufführung der wenig erfolgreichen Oper *Guntram* op. 25 in Weimar; Debüt als Dirigent bei den Bayreuther Festspielen mit *Tannhäuser*.

1896

21. Februar: Aufführung von *Till Eulenspiegel* op. 28 in Frankfurt am Main.
27. November: Uraufführung von *Also sprach Zarathustra* op. 30 in Frankfurt unter Strauss' Leitung.
Als gefragter Dirigent unternimmt er von nun an zahlreiche Konzertreisen. Nach dem Rücktritt von Hermann Levi erhält er die Stelle des Hofkapellmeisters in München.

1897

Geburt des Sohnes Franz.

1898

Stelle als Erster Preußischer Kapellmeister an der Berliner Hofoper; Strauss ist an der Gründung der Genossenschaft Deutscher Tonsetzer beteiligt.

1899

3. März: Aufführung von *Don Quixote* op. 35 und Uraufführung von *Ein Heldenleben* op. 40 in Frankfurt am Main.
Bekanntschaft mit Hugo von Hofmannsthal, seinem wichtigsten Librettisten.

Richard Strauss als junger Dirigent 1894

1901

Erste Strauss-Festwoche in München; Strauss wird erster Vorsitzender des Allgemeinen Deutschen Musikvereins und Leiter des Berliner Tonkünstler-Orchesters.

1903

8. März: Konzert mit eigenen Werken bei der Frankfurter Museums-Gesellschaft.

1904

Aufführung der *Symphonia domestica* op. 53 in Frankfurt am Main.
Reise nach Nordamerika mit einer Serie von 35 Konzerten.

1905

Die Uraufführung der Oper *Salome* op. 54 in Dresden löst einen Skandal aus.

1908

Strauss erhält die Stelle des Generalmusikdirektors in Berlin. Fertigstellung der Villa in Garmisch; der Bau wird hauptsächlich durch Einnahmen aus *Salome*-Aufführungen finanziert.

1909

Uraufführung der aufsehenerregenden Oper *Elektra* op. 58 in Dresden.
Strauss wird Mitglied der Akademie der Künste in Berlin.

1910

22.–29. April: Strauss-Zyklus im Frankfurter Opernhaus (Guntram, Feuersnot, Salome, Elektra).

1911

Der Rosenkavalier op. 59 wird in der Regie von Max Reinhardt in Dresden uraufgeführt.
Auflösung des Vertrags als Generalmusikdirektor in Berlin.

11

Lisbeth Sellin als Octavian im *Rosenkavalier*
Frankfurt am Main 1911

1912
Uraufführung der *Ariadne auf Naxos* op. 60 in Stuttgart.

1914
Pläne zur Gründung eines Richard Strauss-Museums in Frankfurt am Main durch Friedrich Nicolas Manskopf anlässlich des 50. Geburtstags des Komponisten.

1915
Uraufführung der Symphonischen Dichtung *Eine Alpensymphonie* op. 64 unter Leitung des Komponisten in Berlin. Aufführung von *Eine Alpensymphonie* in Frankfurt am Main. Um die Urheberrechte für Musiker weiter zu stärken, initiiert Strauss die Gründung der GEMA.

1917
Gemeinsam mit Hofmannsthal, Max Reinhardt, Alfred Roller und Franz Schalk ist er an der Gründung der Salzburger Festspiele beteiligt; in Berlin leitet Strauss eine Kompositions-Meisterklasse.

1919
Strauss und Schalk teilen sich die Stelle als Direktor der Wiener Staatsoper; Uraufführung von *Die Frau ohne Schatten* op. 65 in Wien.

1920
Umzug nach Wien; mit dem Orchester der Wiener Philharmoniker reist Strauss erstmals nach Südamerika.

1921
Als Vorsitzender des Ehrenausschusses beteiligt er sich an den ersten Donaueschinger Musiktagen; Tour durch Nordamerika.

Tageszettel *Die Frau ohne Schatten*
Frankfurt am Main 28. August 1927

1924

Die Leitung der Wiener Staatsoper wirft Strauss vor, seinen Pflichten als Direktor unzureichend nachzukommen; Strauss überlässt Schalk die alleinige Direktion und arbeitet fortan als freischaffender Komponist.

Sein Sohn Franz heiratet die aus einer jüdischen Familie stammende Alice von Grab.

1925

Trotz der Inflation gelingt es Strauss, die Konvention über Höchstgagen des Deutschen Bühnenvereins zu seinen Gunsten zu umgehen.

1926

Bei der Uraufführung des Rosenkavalierfilms in Dresden dirigiert Strauss die Musik.

1927

20.–28. August: Richard-Strauss-Woche als Abschluss des „Sommer der Musik / Musik im Leben der Völker" in Frankfurt am Main (Aufführung von sechs seiner Opern unter seiner Leitung: *Salome, Der Rosenkavalier, Elektra, Intermezzo, Ariadne auf Naxos, Die Frau ohne Schatten*).

1929

15. Juli: Tod von Hugo von Hofmannsthal.

Strauss tritt als Vorsitzender der Genossenschaft deutscher Tonsetzer zurück.

1932

Der jüdische Dichter Stefan Zweig wird Strauss' neuer Librettist; Beginn der gemeinsamen Arbeit an der *Schweigsamen Frau*.

Richard Strauss während seines Frankfurter Aufenthalts 1927

1933
Uraufführung der *Arabella* op. 79 unter Clemens Krauss in Dresden. Strauss übernimmt die Stelle als Präsident der Reichsmusikkammer.
17. und 19. November: Richard Strauss dirigiert das Festkonzert zum 125-jährigen Bestehen der Frankfurter Museums-Gesellschaft und wird zum Ehrenmitglied ernannt.

1934
Strauss wird Präsident des Ständigen Rats für die internationale Zusammenarbeit der Komponisten.

1935
Wegen eines regimekritischen Briefs an Zweig gerät Strauss in Konflikt mit der NS-Führung und tritt als Präsident der Reichsmusikkammer zurück; aufgrund der persönlichen Für-

sprache Adolf Hitlers findet die Uraufführung der *Schweigsamen Frau* op. 80 in Dresden trotzdem statt.
Aufführung der sinfonischen Dichtung mit Chor *Taillefer* op. 52 unter Leitung von Hans Rosbaud in Frankfurt am Main.

1936
Zur Eröffnung der Olympischen Spiele in Berlin wird Strauss' *Olympische Hymne* gespielt.

1938
Uraufführung der Oper *Daphne* op. 82 in Dresden.

1939
Das 4. Freitags-Konzert der Museums-Gesellschaft ist Richard Strauss anlässlich seines 75. Geburtstages gewidmet.

1944
Die Salzburger Festspiele, in deren Rahmen die Uraufführung der *Liebe der Danae* op. 83 stattfinden sollte, werden abgesagt. Die Generalprobe wird der Öffentlichkeit zugänglich gemacht, die Uraufführung findet jedoch erst 1952 statt.

1945
Strauss siedelt vorübergehend in die Schweiz über.

1946
Sein letztes Orchesterwerk *Metamorphosen* für 23 Solostreicher wird in Zürich uraufgeführt.

1947
Strauss wird im Rahmen des Entnazifizierungsverfahrens in Garmisch als »nicht belastet« eingestuft.

1949
Am 8. September stirbt Richard Strauss nach schwerer Erkrankung in seiner Villa in Garmisch.

Ann Kersting-Meuleman

Strauss und die Frankfurter Museums-Gesellschaft

Die frühesten Strauss-Dokumente im Bestand der Universitätsbibliothek Frankfurt am Main befinden sich in der Sammlung Frankfurter Konzertprogramme bei den Konzertzetteln der Frankfurter Museums-Gesellschaft. Hier sind das erste Auftreten Strauss' als Dirigent und Komponist und die regelmäßigen Aufführungen seiner symphonischen Dichtungen wie auch seiner Lieder dokumentiert.

Im Jahr 1885 knüpfte Strauss den ersten Kontakt zu Frankfurt am Main. Von Natur aus keineswegs schüchtern, schrieb er in mehreren Städten die Leiter von Konzertvereinigungen an mit der Bitte, in deren Konzerten eigene Werke aufführen zu dürfen. Unterstützt wurde er dabei durch seinen Vater und Hans von Bülow.

Die Aufführung der Symphonie in f-Moll op. 12 im 6. Museums-Konzert der Saison 1886/87 wurde ein voller Erfolg für den 22-Jährigen. Sie bildet den Anfang einer besonderen Beziehung zwischen ihm und der Frankfurter Konzertvereinigung.

Ein Rezensent schrieb in der Frankfurter Zeitung vom 9. Januar 1887: „… eine neue Symphonie eines neuen, hier noch kaum bekannten Komponisten, hatte einen durchgreifenden, immensen Erfolg! […] In der Instrumentation zeigt sich Richard Strauß, trotz mancher überkräftigen, sogar derben Stellen, als ein mit allen Ausdrucksmitteln des modernen Orchesters, mit allen durch das größte Raffinement herbeizuführenden Effekten wohl vertrauter Meister. Diese Meisterschaft, so wie die treffliche Handhabung der Form tragen das Ihrige dazu bei, die Symphonie, deren einzelne Gedanken ja nicht immer geradezu schön und tief, nicht immer geradezu neu sind, in der Totalität zu einem Musikstücke zu machen welches den oben verzeichneten Erfolg vollauf verdient […]

Es steht außer Zweifel, dass die überaus lebendige, man möchte sagen, dramatisierende Art, in welcher der Komponist seine Schöpfung leitete, nicht wenig zum Erfolge beigetragen hat – trotz – oder vielleicht wegen der gymnastischen Übungen, welchen der junge, feurige Dirigent sich dabei hingibt [...] Nur ein Orchester, welches durch die hochkünstlerischen Anleitungen eines Musikmeisters, wie unser verehrter Herr Direktor C. Müller eine großartige Vorschule durchgemacht, dann die weitgehende Intentionen eines Komponisten in der Vollendung veranschaulichen, wie wir es gestern wiederum hörten." [G.E.][1]

Das Orchester, geleitet durch Direktor Carl C. Müller, ab Oktober 1891 durch Gustav Kogel, fand auch bei Strauss Anerkennung.

Strauss wohnte bei seinen Frankfurt-Aufenthalten häufig bei Dr. Friedrich Sieger, der 1904 Vorsitzender der Museums-Gesellschaft wurde. 1898 widmete er Sieger die „Fünf Lieder für hohe Stimme" op. 39.

Die folgende Tabelle zeigt die bis 1915 entstandenen sinfonischen Werke mit ihren Aufführungsdaten in Frankfurt am Main. Zwei Werke, *Also sprach Zarathustra* und *Ein Heldenleben*, erlebten hier ihre Uraufführung.

---

[1] *Frankfurter Zeitung* vom 9.01.1887, Feuilleton

Symphonische Werke von Strauss in Frankfurt am Main

Titel	Uraufführung	Frankfurter Erstaufführung	Frankfurter Auff. bis 1939
Symphonie f-Moll op. 20	13.12.1884 New York	18.01.1887	5
Aus Italien op. 16	02.03.1887 München	18.01.1889	3
Don Juan op. 20	11.11.1889 Weimar	28.02.1890	17
Macbeth op. 23	13.10.1890 Weimar	27.11.1896	2
Tod und Verklärung op. 24	21.06.1890 Eisenach	13.11.1891	17
Till Eulenspiegel op. 28	05.11.1895 Köln	21.02.1896	15
Also sprach Zarathustra op. 30	27.11.1896 Frankfurt	27.11.1896	12
Don Quixote op. 35	08.03.1898 Köln	03.03.1899	10
Ein Heldenleben op. 40	03.03.1899 Frankfurt	03.03.1899	13
Sinfonia Domestica op. 53	21.03.1904 New York	14.10.1904	10
Eine Alpensymphonie op. 64	28.10.1915 Berlin	10.12.1915	5

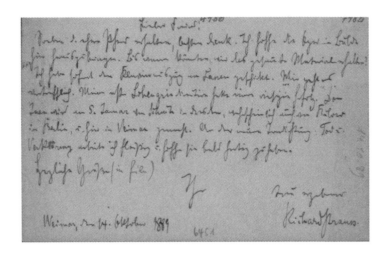

Richard Strauss an Engelbert Humperdinck am 14.10.1889 [Postkarte]

Lieber Freund!
Soeben d[as] eherne Pferd[2] erhalten, besten Dank. Ich hoffe
die Oper[3] in Bälde hier herauszubringen. Bis wann könnten
wir das gesamte Material erhalten? Ich habe sofort den Klavierauszug an Lassen[4] geschickt. Mir geht es vortrefflich.
Meine erste Lohengrindirection hatte einen riesigen Erfolg.
Don Juan wird am 5. Januar von Schuch in Dresden, wahrscheinlich auch von Bülow in Berlin, u[nd] hier in Weimar
gemacht. An der neuen Tondichtung: Tod und Verklärung
arbeite ich fleißig u[nd] hoffe sie bald fertig zu haben.
Herzliche Grüße (in Eile) / Ihr / treu ergebener
Richard Strauss.
Weimar, den 14. Oktober 1889

Auf der Rückseite der Postkarte als Anschrift:
Herrn Engelbert Humperdinck, Tonkünstler, Mainz, Schott's
Söhne

---

[2] D. F. E. Auber: *Das eherne Pferd*, für die deutschen Bühnen bearbeitet
  von Engelbert Humperdinck, Mainz
[3] Engelbert Humperdinck: *Hänsel und Gretel*
[4] Eduard Lassen (1830-1904), 1858-95 Hofkapellmeister in Weimar

22

Nach der Aufführung von „Tod und Verklärung" Mitte November 1891 erhielt Strauss folgenden Brief seines damals in Frankfurt ansässigen Kollegen Engelbert Humperdinck:

„Frankfurt a./M., Scheffel-Eck 18/11 1891

Lieber Freund,
ich kann mir nicht versagen, von dem tiefen Eindruck, den mir Dein „Tod und Verklärung" am vergangenen Freitag in dem hiesigen Museums-Concert gemacht hat, Dir zu berichten. Dieselbe Wirkung die ich damals in Eisenach bei dem Anhören dieser erhabenen und dabei so durch und durch wahren und tiefen Tondichtung empfand, stellt sich auch diesmal wieder bei mir ein, nur vielleicht in noch verstärkten Maßen, da mir die Einzelheiten von damals noch ziemlich gegenwärtig waren. [...] Die Aufführung unter Kogels Leitung war vortrefflich, nur störte mich das gar zu schleppende Zeitmaß am Schlusse, das, wie ich mich erinnere, von Dir damals etwas fließender genommen wurde. Das Publikum verhielt sich, wie zu erwarten war, geteilt, es schien das Bedürfnis vorzuherrschen, die Aufführung bald, womöglich im nächsten Winter zu wiederholen, wo die Wirkung jedenfalls eine bestimmtere sein wird."[5]

Die symphonische Dichtung *Tod und Verklärung* op. 24 entstand zwischen 1888 und 1890 und wurde unter Leitung des Komponisten am 21. Juni 1890 beim Tonkünstlerfest in Eisenach uraufgeführt. Strauss selbst erdachte das Programm, nicht unbeeinflusst von der Gedankenwelt seines Mentors Alexander Ritter: Ein Sterbender erinnert sich rückblickend an sein Leben. Der Tod bedeutet schließlich die Verklärung seiner Seele.

---

[5] Zitiert nach Strauss, Lieber Collega! Richard Strauss im Briefwechsel mit zeitgenössischen Komponisten und Dirigenten, S. 214

Frankfurter Museums-Gesellschaft.
Winter 1898—99.

Elftes

Freitags-Concert

Freitag, den 3. März 1899,
Abends 7 Uhr
im großen Saale des Saalbaues.

Dirigent: Herr Kapellmeister Gustav Kogel.

Programm.

Erster Theil.

1. Concert für Violoncell No. 1 in A-moll,
op. 14 . . . . G. Goltermann.
    Zum Andenken an den kürzlich ver-
    storbenen Componisten.
    Herr Professor Hugo Becker.

2. Gesänge für Sopran mit Orchesterbegleitung: Richard Strauß.
    Das Rosenband, op. 36 No. 1.
    Liebeshymnus, op. 32 No. 3.
    Morgen, op. 27 No. 4.
    Cäcilie, op. 27 No. 2.
        Frau Pauline Strauß-de Ahna.

3. Ein Heldenleben, Symphonie in Es-dur,
op. 40 (Manuscript) . . . . Richard Strauß.
    Unter Leitung des Componisten.
    Erste Aufführung des Werkes.

Zweiter Theil.

4. Lieder mit Clavierbegleitung . . . . . Richard Strauß.
    Meinem Kinde, op. 37 No. 3.
    Befreit, op. 39 No. 4.
    Schlagende Herzen, op. 29 No. 2.
        Frau Pauline Strauß-de Ahna.

5. Don Quixote. Fantastische Variationen über
ein Thema ritterlichen Charakters, op. 35. Richard Strauß.
    Unter Leitung des Componisten.

Konzertprogramm der Museums-Gesellschaft vom 3.3.1899
mit der Uraufführung von *Ein Heldenleben*

Daneben standen bei den Frankfurter Museumskonzerten häufig auch Lieder auf dem Programm, meist mit Pauline Strauss de Ahna als Interpretin: 1896 bis 1899 z. B. *Heimkehr* op 15,5; *O weh mir unglückhaftem Mann* op. 21,4; *Cäcilie* op. 27,2; *Heimliche Aufforderung* op. 27,3; *Traum durch die Dämmerung* op. 29,1; *Schlagende Herzen* op. 29,2; *Himmelsboten zu Liebchens Himmelbett* op. 32,5, *Meinem Kinde* op. 37,3; *Befreit* op. 39,4;
1899 mit Orchesterbegleitung *Cäcilie* op. 27,2; *Morgen* op. 27,4; *Liebeshymnus* op. 32,3; und *Das Rosenband* op. 36,1.
An Kammermusik erklangen am 20.11.1896 die Sonate für Violoncello und Pianoforte op. 6 in F-dur (Hugo Becker, James Kwast) und am 12.2.1899 die Serenade für Blasinstrumente in Es-Dur, op. 7.
Am 3. März 1899 wurde in Frankfurt die sinfonische Dichtung *Ein Heldenleben* op. 40 uraufgeführt.
Nicht ganz zu Unrecht wird vermutet, dass die ideale Figur in der sinfonischen Dichtung *Ein Heldenleben* autobiographische Züge trägt. Man sollte sich jedoch davor hüten, eine direkte Spiegelung zu vermuten: Strauss hat durchaus eine ironische Verfremdung beabsichtigt. Nicht ohne Hintergedanken wählte er für das Hauptthema die Tonart Es-Dur und ein Motiv, das der Eröffnung der Eroica-Sinfonie (Nr. 3) von Ludwig van Beethoven ähnelt. Ein Gegenthema („die Kritiker") bildet den Kontrast. Quietschend oder knurrend klingende Motive in den Bläsern sind dem letzteren zugeordnet. Strauss verwendet in diesem Werk Leitmotivtechnik im wagnerschen Sinne. Ursprünglich waren Satzüberschriften vorgesehen, die später aber wieder gestrichen wurden: *Der Held / Des Helden Widersacher / Des Helden Gefährtin / Des Helden Walstatt / Des Helden Friedenswerke / Des Helden Weltflucht und Vollendung.*
1933 fand am 17. und 19. November das Festkonzert zum 125-jährigen Bestehen der Frankfurter Museums-Gesellschaft statt. Richard Strauss dirigierte das Konzert mit dem Programm: Beethoven 5. Sinfonie, Mozart Arie aus *Titus*,

Strauss 3 Lieder mit Orchesterbegleitung sowie *Also sprach Zarathustra*. Der Vorstand der Museums-Gesellschaft ernannte Richard Strauss bei dieser Gelegenheit „in Würdigung seiner langjährigen Verdienste" zu ihrem Ehrenmitglied.[6] Während Ende des 19. Jahrhunderts im Frankfurter Konzertleben vor allem die Instrumentalwerke und Lieder von Richard Strauss gepflegt wurden, traten in den ersten Jahrzehnten des 20. Jahrhunderts die aufsehenerregenden Opern in den Vordergrund.

---

[6] Artikel zum 125-jährigen Jubiläum der Museums-Gesellschaft in der Frankfurter Zeitung Nr. 821 vom 19.11.1933

Ann Kersting-Meuleman

Richard Strauss und die Frankfurter Oper

Schon seit 1901 standen Bühnenwerke von Richard Strauss auf dem Programm des Frankfurter Opernhauses. Die Verbundenheit zum Komponisten zeigte sich in den ersten beiden Jahrzehnten des 20. Jahrhunderts daran, dass zeitnah zur Uraufführung die Frankfurter Erstaufführung stattfand. Absoluter Publikumsliebling war erwartungsgemäß *Der Rosenkavalier* op. 59 mit 175 Aufführungen zwischen 1911 und 1944 und fünf Neuinszenierungen in der Zeit 1945 bis 2000. Die *Salome* op. 54 wurde 75 Mal bis 1944 gegeben und nach dem 2. Weltkrieg dreimal neu inszeniert. *Elektra* op. 58 und *Ariadne auf Naxos* op. 60 wurden nach 1945 je fünf Mal neu inszeniert, während drei der ab Mitte der 1920-er Jahre entstandenen Opernwerke (*Die schweigsame Frau* op. 75, *Die ägyptische Helena* op. 80 und *Friedenstag* op. 81) keine Befürwortung bei der Opernintendanz erfuhren.

Seit Beginn des 20. Jahrhunderts wurden von Oper und Schauspiel in regelmäßigen Abständen Materialien, die für den Tagesbetrieb nicht mehr benötigt wurden, an die Bibliothek gegeben. Seit 1984 betreut die Universitätsbibliothek offiziell das künstlerische Archiv der Städtischen Bühnen Frankfurt [1]

Daher befinden sich sowohl Aufführungsmaterialien wie auch Tageszettel, Programmhefte, Rezensionen fast aller Inszenierungen im Bestand, daneben Bühnenbildentwürfe und Figurinen eines Teils der Inszenierungen.

Zu allen Inszenierungen der Strauss'schen Werke sind Tageszettel vorhanden, zu den Inszenierungen nach 1950 auch die Programmhefte sowie Szenenfotos. Diese Materialien werden in den sogenannten Inszenierungsmappen bewahrt.

---

[1] Der Altbestand des Verwaltungsarchivs wird vom Institut für Stadtgeschichte bewahrt.

Übersicht über die im Opernhaus Frankfurt aufgeführten Werke von Richard Strauss

Titel	Uraufführung	Frankfurter Erstaufführung	Bis 1944	Neuinszenierungen 1945–2010
Guntram op. 24	10.05.1894 Weimar	13.03.1910	3	keine
Feuersnot op. 50	21.11.1901 Dresden	03.12.1901	15	keine
Salome op. 54	09.12.1905 Dresden	06.02.1907	75	1953; 1961; 1999
Elektra op. 58	25.01.1909 Dresden	06.02.1909	21	1959; 1971; 1988; 1994; 2004
Der Rosenkavalier op. 59	26.01.1911 Dresden	01.03.1911	175	1949; 1955; 1963; 1985; 1992
Ariadne auf Naxos op. 60	25.10.1912 Stuttgart	14.01.1913	16	keine
Ariadne auf Naxos (Neufassung) op. 60	04.10.1916 Wien	25.12.1917	36	1947; 1956; 1962; 1981; 1989

Titel	Urauf-führung	Frank furter Erstauf-führung	Bis 1944	Neu-inszenie-rungen 1945–2010
Die Frau ohne Schatten op. 65	10.10.1919 Wien	22.12.1922	15	1969; 2002
Intermezzo op. 72	04.11.1924 Dresden	22.04.1925	19	keine
Arabella op. 79	01.07.1933 Dresden	16.10.1933	18	1953; 1973; 2009
Daphne op. 82	15.10.1938 Dresden	11.06.1939	8	2010
Die Liebe der Danae op. 83	14.08.1952 Salzburg	15.06.2014 konzertant	keine	

Im Mai 2015 steht eine konzertante Aufführung *Der ägyptischen Helena* auf dem Frankfurter Spielplan.

Inge Borkh als Elektra
in *Elektra* Frankfurt am Main 1959
Foto: Günther Englert

Aufführungsmaterialien (Partituren, Klavierauszüge, Solisten-, Chor- und Orchesterstimmen sowie Textbücher) sind zu den ins Repertoire aufgenommenen Werken vorhanden, in der Reihenfolge ihres Entstehens und mit Angaben zum Zeitraum des Gebrauchs:

Salome
Partitur, 5 Klavierauszüge, 6 Rollen, 63 Instrumentalstimmen, Textbuch; [1907-1961]
Mus Hs Opern 571 L (1-11)

Elektra
Partitur, 5 Klavierauszüge, 9+1 Rollen, 69+5 Instrumentalstimmen; [1909-1988]
Mus Hs Opern 571 G (1-10)

Der Rosenkavalier
Partitur, 6 Klavierauszüge, 6 Rollen, 10+53 Instrumentalstimmen, 28+10 Instrumentalstimmen Bühnenmusik, 1 Regieskizze; [1911-1985]
Mus Hs Opern 571 K (1-11)

Ariadne auf Naxos
1+1 Klavierauszüge, 6+4 Rollen, 4+28 Instrumentalstimmen [jew. Zahlen für Erstfassung und Neubearbeitung 1916]; [1913-1981]
Mus Hs Opern 571 E (1-6)

Die Frau ohne Schatten
1 Klavierauszug, 1 Rolle, 1 Textbuch; [1922-1969]
Mus Hs Opern 571 H (1-3)

Richard Strauss: *Elektra.* Partitur 1905

Friedenstag

Partitur, 9 Klavierauszüge, 11 Rollen, 99 Chorstimmen, 438 Chorstimmen Extrachor, 63 Instrumentalstimmen, 3 Instrumentalstimmen Bühnenmusik, 1 Textbuch [Eine Aufführung wurde 1939 in Frankfurt vorbereitet, jedoch nicht realisiert.] [1938/39]
Mus Hs Opern 571 I (1-10)

Daphne

Partitur, 7 Klavierauszüge, 7 Rollen, 63 Instrumentalstimmen, 1 Instrumentalstimme Bühnenmusik. [1939]
Mus Hs Opern 571 F (1-11)

Adele Kern als Zerbinetta
in *Ariadne auf Naxos*, Frankfurt am Main um 1924

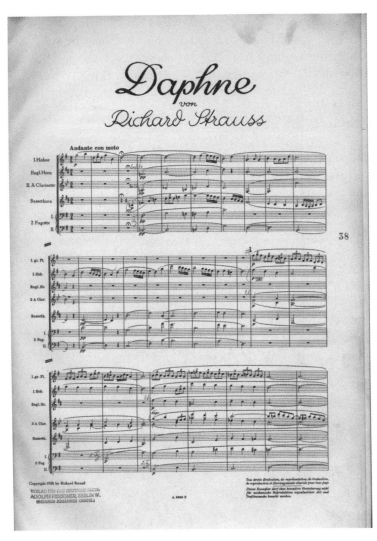

Richard Strauss: *Daphne*. Partitur 1938

Texte und Bilder zur Ausstellung

Der vorliegende Band entwickelte sich aus der Ausstellung „Richard Strauss – (k)ein Heldenleben", die im Sommer 2014 im Holzfoyer des Frankfurter Opernhauses stattfand. Dabei gaben die Dramaturgen Prof. Dr. Norbert Abels und Mareike Wink fundamentale Unterstützung. An Konzept, Texten und Bildauswahl haben mitgewirkt Janina Aures, Sonja Beckmann, Ann-Kathrin Krieg, Ingeborg Lorenz, Lena Patricia Nieper, Silke Reich und Sebastian Rose. Der Rahmen forderte die Reduktion des vorbereiteten Stoffes, denn die Ausstellung war – abgesehen von der Eröffnungsveranstaltung – nur während der Veranstaltungspausen am Abend zu sehen und sollte in fünfzehn Minuten das Wesentliche vermitteln. Zugunsten der Konzentration auf die Kernaussage jeweils einer Inszenierung der letzten Jahre wurde auf das ursprüngliche Konzept der Darstellung einer Inszenierungsgeschichte Strauss'scher Werke in Frankfurt sowie die musikalische Analyse seiner Werke verzichtet.

Salome
in der Inszenierung von Christoph Nel (1998/99):

Salome wird dargestellt als junges, zerbrechliches, seelisch zerrissenes Mädchen und als Opfer des patriarchalischen Umfeldes.

Elektra
in der Inszenierung von Falk Richter (2004/05):

Ausgewählt ist die Schlussszene, in der Elektra um Leichensäcke herumtanzt, in sich gekehrt in Rachegedanken ohne Realitätsbezug.

Der Rosenkavalier

in der Inszenierung von Ruth Berghaus (1992/93):

Sophie und Octavian wahren in der Szene der Rosenüber-gabe Distanz, verdeutlicht durch die Farbe ihrer Kleidung; das Konzept der Ich-Werdung durch die Verbindung zum Mann erfährt einen Bruch.

Die Frau ohne Schatten

in der Inszenierung von Christoph Nel (2002/03):

Die Frau ohne Schatten wird dargestellt als Grenzgängerin zwischen Tod, Geburt und Verwandlung.

Daphne

in der Inszenierung von Claus Guth (2009/10):

Daphne flieht aus der Menschenwelt in die Natur: weg von sexuellen Begierden der Männer, gesellschaftlichen Pflichten, menschlicher Täuschung. Besonders ist auch die gleichzeitige Darstellung der Daphne als Kind und als alte Frau.

Im Folgenden werden eine Auswahl von Bildern und Texten der Ausstellung wiedergegeben, beginnend mit zeitgenössi-schen Rezensionen und abgeschlossen durch Statements zeitgenössischer Theaterschaffender.

Zeitgenössische Rezensionen

SALOME

Die Orchestereffekte von Strauss galten zu Anfang des 20. Jahrhunderts als unerhörte Kühnheiten, die häufig die Grenze zum Hässlichen überschritten. »Ein brennenderes Kolorit, ja, man kann sagen, eine realistischer gemalte Orchester-Brunst, wie sie die Lüsternheiten der Salome und des Herodes begleitet, ist kaum noch denkbar.« (*Frankfurter Zeitung* 7. Februar 1907, Feuilleton)

ELEKTRA

Obwohl sich viele Kritiker gegen den düsteren *Elektra*-Stoff aussprachen und Strauss ein schlechtes Gespür bei der Textwahl vorwarfen, ist den Kritiken doch eine gewisse Faszination anzumerken. *»[...] dieses Schaufeln der Elektra in der Erde, dann die gellenden Triller bei der Ermordung der Klytämnestra, der musikalisch dazu scharf kontrastierende Auftritt des Aegisth und der leise Hohn der Titelheldin, wenn sie ihm ins Haus leuchtet und schließlich ihr wahnsinniger Todestanz, das lässt doch den großen Könner erkennen, dem diese nervenschüttelnden Tonmalereien so leicht keiner nachmacht.* (*Frankfurter Zeitung* 7. Februar 1909, Feuilleton)

DER ROSENKAVALIER

Nachdem Strauss mit den Skandal-Opern *Salome* und *Elektra* bereits Triumphe gefeiert hatte und sich daraufhin einem komischen Stoff zuwandte, erwarteten viele Kritiker *die* musikalische Komödie der Gegenwart. Die Kritiken sind wohlwollend, aber durchaus nicht euphorisch. *»Richard Strauss konnte nicht so schnell seinen Charakter ändern, konnte aus dem hypermodernen Komponisten nicht über Nacht ein Mozart werden.«* (*Generalanzeiger* 2. März 1911)

Salome, Oper Frankfurt, Wiederaufnahme 2002
Foto: Barbara Aumüller

SALOME – Salomes Teufelskreis von Missbrauch und Abhängigkeit

Richard Strauss kritisierte die zeitgenössischen Inszenierungen des berühmten Schleiertanzes als »exotische Tingeltangeleusen«, die mit seinem Ideal der »keuschen Jungfrau« wenig gemein hatten.

Wahrscheinlich wäre der Komponist mit der Frankfurter Inszenierung von Christof Nel (Spielzeit 1998/99) durchaus einverstanden gewesen, da Salome hier als junges, zerbrechliches Mädchen dargestellt wird. Salome ist seelisch zerrissen, was auch die Choreographie des Tanzes verdeutlicht. Sie ist Opfer ihres patriarchalischen Umfeldes und kann aus dem Teufelskreis von Missbrauch und Abhängigkeit nicht ausbrechen.

Die von ihr eingeforderte Enthauptung Jochanaans wird als Konsequenz dargestellt, denn das Opfer wird in der Lesart von Christoph Nel zur Täterin. Ihre Grausamkeit ist die Reaktion auf die an ihr verübte seelische Gewalt. Salome wird zum Objekt der Begierde, das Mädchenzimmer ist ein im Bilderrahmen positionierter Kellerraum, sodass die Ebenen von Zuneigung, Abhängigkeit und Machtmissbrauch verschwimmen. Opfer und Täter sind in der Inszenierung von Christoph Nel nicht klar unterschieden.

Elektra, Oper Frankfurt, 2004
Foto: Barbara Aumüller

ELEKTRA – Selbstverleugnung und Selbstzerstörung

Elektras Vater Agamemnon ist tot, ermordet von ihrer Mutter Klytämnestra und deren Geliebten Aegisth. Ihr ganzes Sein dreht sich um die Rache an den Mördern ihres Vaters.

Sie lebt entweder in der Vergangenheit, am Tag des Mordes an ihrem Vater, oder sie ist getrieben von der zukünftigen Rache an ihrer Mutter. Nichts hält sie in der Gegenwart.

In der Schlussszene der Frankfurter Inszenierung in der Regie von Falk Richter (Spielzeit 2004/05) liegen Leichensäcke auf der Bühne. Elektra tanzt zwischen ihnen herum, wirft die Säcke umher und taumelt durch sie hindurch. Ihre Schwester Chrysothemis ruft nach ihr, aber Elektra scheint sie nicht zu hören. Sie nimmt eine Axt und tanzt, schleudert sie durch die Luft, als würde sie die Rache an der Mutter noch einmal für sich selbst durchleben. Es scheint, als hätte sie jeglichen Bezug zur Realität verloren. Ihre letzte Verbindung zum Leben ist gekappt und sie bricht zusammen. Ob sie lebt oder stirbt, bleibt offen.

Nach Elektras Zusammenbruch betreten mehrere Männer die Bühne, unter ihnen ihr Bruder Orest. Dieser positioniert sich auf einer Erhebung, an deren Fuß die regungslose Schwester liegt. Das Bühnenbild stellt Orest über Elektra und symbolisiert so die moralisch höheren Absichten des Bruders: In der Frankfurter Inszenierung nimmt er die Rolle eines Freiheitskämpfers ein, der ein Terrorregime stürzt. In Falk Richters Interpretation befriedigt Orest, im Gegensatz zu Elektra, keine Rachegelüste, sondern verfolgt ein höheres Ziel.

Der Rosenkavalier, Oper Frankfurt 1992

DER ROSENKAVALIER –
Reduzierung von Prunk, Intensivierung von Identität?

Auf dem Hintergrundbild wird die Rosenübergabe darge-stellt: Octavian tritt auf im weißen Gewand, Sophie in einem schwarzen Kleid. Die Szene spielt in einer Biblio-thek, in der das Mobiliar auf schlichte Tische und Stühle reduziert ist.

Ruth Berghaus antwortet mit ihrer Arbeit an der Frank-furter Oper (Spielzeit 1992/93) auf die klassischen In-szenierungen des *Rosenkavaliers* im Rokokointerieur. Durch die bewusste Reduktion lenkt Berghaus den Fokus auf das Zusammenspiel beider Protagonisten. Ent-scheidend ist in der Inszenierung, dass sich die Lieben-den mit einer gewissen räumlichen Distanz begegnen, durch die beide ihre Identität sichtbar bewahren. Das Konzept der Ich-Werdung durch die Verbindung zum Mann erfährt somit einen Bruch, der einen Spannungs-raum zwischen dem Text, der Musik und dem Bühnen-raum aufmacht. Durch die Schlichtheit der Bühne und die Distanz der Liebenden gewinnt Sophie eine Identi-tät, die zwar nicht im Text angelegt ist – wohl aber in der Musik.

Die Frau ohne Schatten, Oper Frankfurt 2003
Foto: Thilo Beu

DIE FRAU OHNE SCHATTEN – Schuldlos schuldig und zwischen den Welten

Die Frau ohne Schatten, so formulierte es Hofmannsthal, »steht zwischen zwei Welten, von der einen nicht entlassen, von der anderen nicht aufgenommen.«
Um ihren Gatten zu retten, der zu versteinern droht, muss sie einen Schatten besorgen (»Die Frau wirft kei-nen Schatten, der Kaiser muss versteinern.«) In das »böse Spiel« und den Ankauf des Schattens ist die Kaiserin »verknüpft, unschuldig schuldvoll«. Als ›Entschuldigung‹ (Martina Jochem, Szenische Analytikerin) wünscht sie sich stellvertretend den Tod. In der Geschichte um Endlichkeit, Fruchtbarkeit und Eigenliebe nimmt sie die Schuld auf sich und verzichtet auf ihr ›Ich‹. Hugo von Hofmannsthal verbindet in seiner phantastischen Oper archetypische Motive aus dem Märchen mit der »fremden Sphäre des Psychopathologischen« (Norbert Abels, Chefdramaturg, Oper Frankfurt).
Christof Nel inszeniert die Frau ohne Schatten an der Frankfurter Oper als Grenzgängerin. Mit der Kraft archaischer Bilder nähert er sich dem Mysterium des Todes, der Geburt und der Verwandlung. Dabei gestaltet Nel die unterschiedlichen Sphären mit symbolischen Analogien durchlässig wie zum Beispiel einem drehenden Kubus. Die Handlungsweise der Frau ohne Schatten ist weniger aus mythologischen Konstellationen denn aus einer tiefenpsychologischen Motivik abgeleitet. In der Frankfurter Lesart der *Frau ohne Schatten* erscheint die Frage von Schuld, Projektion und Erlösung deshalb in alptraumhafter Schieflage.

Da und dort, alles ist meine Schuld.
Was ich berühre, töte ich.
Würde ich lieber selber zu Stein!
(Kaiserin, dritter Aufzug)

Daphne, Oper Frankfurt, 2010
Foto: Barbara Aumüller

DAPHNE – Der endlose Albtraum: Daphne als Erinnerung

Daphnes Liebe zur Natur ist Ausdruck ihrer Kindlichkeit und Sehnsucht nach Unschuld. Gleichermaßen flüchtet sie aus der Menschenwelt ins Naturreich: vor Sexualität, gesellschaftlichen Pflichten und menschlicher Täuschung. Nur bei ihren »Brüdern, den Bäumen« fühlt sie sich wohl. Ihren Kindheitsfreund Leukippos weist Daphne zurück, als er ihre Liebe einfordert. Daraufhin erschleicht er sich als Frau verkleidet ihr Vertrauen. Auch der um sie werbende Apollo tritt ihr nicht in seiner wahren Gestalt gegenüber. Er kann sie kurz für sich gewinnen, doch auch ihm entflieht sie wieder. Als Apollo daraufhin Leukippos enttarnt und tötet, gibt der Gott sich zu erkennen. Es ist der Moment, der für Daphne alles verändert:

> *O doppelt getäuscht!*
> *Getäuscht vom Gespielen,*
> *Getäuscht von ihm,*
> *Der Bruder sich nannte!*

Claus Guth interpretiert in seiner Inszenierung an der Frankfurter Oper (Spielzeit 2009/10) den Grund für Daphnes Gesellschaftsflucht als traumatisches Kindheitserlebnis. Als sie am Fest zu Ehren des Gottes Dionysos teilnimmt, ist auch ihr jüngeres >Ich< zugegen. Der Zuschauer wird Zeuge, wie die berauschten Männer das Kind bedrängen. Gleichzeitig ist Daphne als alte Frau anwesend und durchlebt als stille Beobachterin das Geschehen erneut. Es wird deutlich, dass Daphnes Verwandlung in einen Lorbeerbaum keine körperliche Metamorphose darstellt, sondern eine innere Erstarrung als Ausdruck des Nicht-Vergessen-Könnens ist. Die Flucht vor den Menschen bleibt ihr versagt: Sie durchlebt die Ereignisse wieder und wieder.

EIN HELDENLEBEN?
Richard Strauss im Nationalsozialismus

EINERSEITS...

... findet Strauss 1932 endlich einen neuen Librettisten: Den jüdischen Dichter Stefan Zweig. An der Zusammenarbeit hält er auch fest, als Goebbels ihm nahelegt, die Kooperation mit Zweig aufzugeben. Strauss nutzt außerdem seine Stellung, um seine jüdische Schwiegertochter Alice zu retten. Strauss verhält sich vermeintlich naiv gegenüber dem NS-Regime und scheint dessen politische Ziele nicht zu begreifen. Die politische Dimension seines Handelns macht er sich nur unzureichend bewusst.

ANDERERSEITS...

... setzt sich Strauss für die Rechte von Komponisten ein, indem er u. a. 1915 die GEMA gründet. Er stärkt damit auch seine eigene Position. 1933 wird er Präsident der Reichsmusikkammer. Angeblich nimmt er dieses Amt aus »künstlerischem Pflichtbewusstsein« an. Seine öffentlichen Aufgaben übernimmt Strauss nicht aus politischer Überzeugung, sondern aus persönlichem Interesse und Opportunismus. Er scheint die politische Rolle seiner Stellung auszublenden.

Die Gestapo fängt einen regimekritischen Brief von Strauss an Zweig ab. Trotz Strauss' Bemühungen, sich vor Hitler zu rechtfertigen, kommt es zum Bruch mit der NS-Führung. Er muss als Präsident der Reichsmusikkammer zurücktreten.

BRIEF AN STEFAN ZWEIG

»*Wer hat Ihnen denn gesagt, dass ich politisch so weit vorgetreten bin? Weil ich für [...] Bruno Walter ein Konzert dirigiert habe? Das habe ich dem Orchester zuliebe – weil ich für andern ›Nichtarier‹ Toscanini eingesprungen bin – das habe ich Bayreuth zuliebe getan. Das hat mit Politik nichts zu tun. [...] Dass ich den Präsidenten der Reichsmusikkammer mime? Um Gutes zu tun und größeres Unglück zu verhüten.*«
(Brief von Richard Strauss an Stefan Zweig vom 17. Juni 1935)

In diesem Brief kollidieren die private und die öffentliche Welt von Richard Strauss. Ihm ging es nur um seine Kunst, nicht um die Politik.

RICHARD STRAUSS im Spiegel der Gegenwart

MARIA BENGTSSON
Für die Sopranistin der Titelpartie in Richard Strauss' *Daphne* (Spielzeit 2009/10) zeichnen sich seine Opernfiguren durch emotionale Tiefe und gesangstechnische Virtuosität aus.
»*Die Ambivalenz der Figur Daphne verlangt sowohl eine natürliche Dramatik der Stimme als auch eine süße Zartheit. Das sängerische Erleben der Verwandlung der Daphne zum Baum am Schluss der Oper ist jedes Mal ein Glücksmoment für mich.*«[1]

BRIGITTE FASSBAENDER
Die Sängerin und Regisseurin der *Ariadne auf Naxos* (Spielzeit 2013/14) an der Oper Frankfurt engagiert sich seit vielen Jahren für die Musik von Strauss, die auch ein großer Bestandteil ihrer sängerischen Karriere war.
»*Strauss brannte für das Theater, das fasziniert mich immer wieder. Und er stellt in seiner Kunst immer wieder Fragen zum Theater, provoziert Bekenntnisse.*«[2]

VITO ŽURAJ
Žurajs szenische Komposition *Übürall* (UA 2013) verweist zitathaft auf das Ende der Elektra und offenbart Strauss' Relevanz für heutige Komponisten.
»*Ich achte Richard Strauss sehr, ohne meine Musik so klingen zu lassen wie seine. Es gibt viele Musikebenen, aus welchen man bei ihm viel lernen kann – nicht nur trivial von seinem Instrumentalklang.*«[3]

---

[1] Korrespondenz mit Lena Nieper, Anfang 2014, unveröffentlicht.
[2] Fassbaender, Brigitte: *Mein Leben mit Richard Strauss*, in: *Die Zeit*, Nr. 40, 2013; http://www.zeit.de/2013/40/richard-strauss-fassbaender/seite-2
[3] Aus einem Interview vom 23.11.2013 mit Lena Nieper, unveröffentlicht.

Friederike Wißmann

Passivitätskonstruktion bei den „Weibsbildern" von Richard Strauss

I

In den Opern von Richard Strauss begegnen uns schauerliche Opernheroïnen: Die Frauen loten extreme Gefühlszustände aus und werden zu Mörderinnen, oder sie sterben wie Elektra im Wahn. Die weiblichen Rollen der Opern von Richard Strauss zählen bis heute zu den anspruchsvollsten Partien, sängerisch wie in der dramatischen Interpretation der komplexen Charaktere.[1] Die musikalische Sprache ist hoch affektiv, die Dramaturgie der Figuren modern und radikal. So aggressiv die Figuren in den Opern auch sind, es ist eine spezifische Form der Gewalt, nämlich eine reaktive und selbstverletzende Aggressivität, die häufig den Frauen-Figuren zu eigen ist.

Ein wichtiges Motiv im Kontext der Gewalt ist in den Strauss'schen Opern das der erzwungenen Passivität. Die persönliche Katastrophe entzündet sich in den Opern *Elektra* und *Salome* nicht dadurch, dass etwas getan wird, sondern dadurch, dass etwas nicht vollbracht wird und eine Tat untersagt bleibt. Während Elektra die geplante Blutrache nicht ausführen kann, fordert Salome das Haupt des Jochanaan, weil es ihr nicht gelingt, ihn zu verführen. Das Motiv der Passivität ist auch in der späten Oper *Daphne* insofern ein entscheidendes, als die Bergnymphe sich gegen Grenzüberschreitungen nicht zur Wehr setzt, sondern sich durch ihre Verwandlung in einen Olivenbaum entzieht.

Erstaunlich weit ist die Kluft zwischen den weiblichen Bühnenfiguren und dem Frauenbild des Wilhelminischen Zeital-

---

[1] Siehe hierzu das Interview mit Brigitte Fassbaender, in: *Richard Strauss und die Oper*, hrsg. von Christiane Mühlegger-Henhapel und Alexander Steiner-Strauss, Theater Museum Wien, S. 203–208.

51

ters: Jenseits der Opernbühne positionieren sich Frauen im Spannungsfeld der sich anbahnenden Emanzipation und einem umso regressiveren Mutterkult. Melanie Unseld hat in ihrer Studie *Weiblichkeit und Tod in der Musik der Jahrhundertwende* [2] die Ambivalenz zwischen den Frauen des Wilhelminischen Zeitalters und den auf den Bühnen inszenierten Frauenbildern herausgestellt. In einer Art dialektischer Spannung charakterisiert Unseld das überhöhte „Ewig-Weibliche", das als Gegenstück zum männlichen Genius einstand. Daneben zeigt sie die Bedeutung der auf den Bühnen stilisierten Weiblichkeit, die mit dem Tod, der Bedrohung und dem Abgrund symbolisch assoziiert war.

Die dämonische Triebhaftigkeit einer Salome, Elektras gewaltige Obsession, aber auch die in der Lulu-Figur inszenierte Verquickung von Eros und Tod entspringen einer Sphäre, die am Jahrhundertbeginn am ehesten im Traum ihren Ort hatte. Gerade in der Konzeption der Elektra-Figur sind Traum und Trauma wesentliche Triebkräfte. Gemein haben die theatralen Jahrhundertwendefrauen die ästhetischen Überhöhungen in den alptraum- und rauschhaften Szenen.

II

Wenn sich Salome Jochanaan als „Tochter des Herodias, Prinzessin von Judäa" vorstellt, antwortet dieser mit einer Zurückweisung: „Zurück, Tochter Babylons! Komm dem Erwählten des Herrn nicht nahe!" (Ziffer 83 ff.). Im Verlauf der Szene verwandelt sich Salomes Faszination in sexuelles Begehren („Lass mich ihn berühren, deinen Leib"), doch Jochanaans Reaktion bleibt unverändert abweisend. Er wiederholt die Passage umso nachdrücklicher: „Zurück, Tochter Babylons! Durch das Weib kam das Übel in die Welt. Sprich nicht zu mir. Ich will dich nicht hören" (Ziffer 95 ff.).

---

[2] Melanie Unseld, *„Man töte dieses Weib". Weiblichkeit und Tod in der Musik der Jahrhundertwende*, Stuttgart 2001.

Marie Burk-Berger als Salome, München

Nach einem Wortwechsel, in dem Salome ihrem Begehren mit immer stärker werdender Emphase Ausdruck verleiht, steht am Ende – von Jochanaans Absage unbeeindruckt – ihre Forderung „Lass mich ihn küssen, deinen Mund". Bis zum Ende der Oper wird Salome auch diese kurzen Textzeilen noch mehrfach wiederholen, bis hin zu der finalen Anrede des toten Kopfes *auf einem silbernen Schild* (Takt 8 nach Ziffer 313): „Ah! Du wolltest mich nicht deinen Mund küssen lassen, Jochanaan" (4. Takt nach Ziffer 314). Jochanaans Antwort ist, so sieht es die Partitur vor, „leise, in tonlosem Schauer" auf den Quartfall des–As: „Niemals" (6 Takte nach Ziffer 122). Seine Antwort ist fast solistisch, nur die Harfe und die zweiten Violinen halten die Tonrepetitionen auf dem f''.

Herodes reagiert auf die Tragödie mit der Forderung „Man töte dieses Weib!" In gewisser Weise nimmt der die Oper bestimmende Spuk von Eros und Thanatos hier ein Ende: Unmittelbar nach dem bitonalen Höhepunkt, der die Todesforderung musikalisch zuspitzt, erfolgt eine Auflösung, die angesichts des komplexen harmonischen Gefüges der Szene bemerkenswert ist. Es ist ein ungebrochener c-Moll-Klang, dem trotz der Überleitung durch die Mollterz in Hörnern und Posaunen etwas Plötzliches eignet. Melanie Unseld interpretiert den Schluss als konzeptionelle Abkehr von der radikalen Spannung hin zu einer das Publikum (und sich selbst) versöhnlich stimmenden Klarheit. Sie nennt die Oper *Salome* deshalb eine „Inkarnation der wohlanständigen Hysterie", als „sexuell[e] Phantasie auf Zeit"[3].

Schon 1905, als die *Salome* in Dresden uraufgeführt wurde, war ein Herzstück der Operninszenierung der *Tanz der sieben Schleier*. Wenngleich sich Strauss selbst eher zurückhaltend bezüglich der Inszenierung des vermeintlich Orientalischen verhielt und eine schlichte Darstellung bevorzugte, wurde über das Kostüm und die Bewegung die Ambivalenz

---

[3] Melanie Unseld, *Weiblichkeit und Tod in der Jahrhundertwende*, a. a. O., S. 189.

von Verführung und Gefahr mit dem Motiv von Fremdheit verbunden.[4] Strauss verwahrte sich gegen die „exotischen Tingeltangelteusen mit Schlangenbewegungen, [die] Jochanaans Kopf in der Luft herumschwenkten"; er betonte: „Wer einmal im Orient war und die Dezenz der dortigen Frauen beobachtet hat, wird begreifen, daß Salome als keusche Jungfrau, als orientalische Prinzessin nur mit einfachster, vornehmster Gestik gespielt werden darf [...]"[5].

Den Komponisten interessierte eher die Ambivalenz der keuschen Prinzessin, die er durch eine „exotische Harmonik" und „fremdartige Kadenzen" zur Darstellung brachte.[6] Salome steht ein für ein kompromissloses Begehren, das einerseits über Exotik plausibel gemacht, andererseits durch ihre Ohnmacht zur Tragödie stilisiert wird. Die von Unseld bemerkte Ambivalenz bestimmt die Oper maßgeblich. Musikalisch unter anderem durch die Bitonalität, konzeptionell durch das Moment der Fremdartigkeit und auf dramaturgischer Ebene durch die Abfolge von Forderung, Verweigerung, Rache und Strafe.

Während Salome vernichtet, was sie begehrt, aber nicht besitzen kann, ist Elektras Negation eine andere. Elektra ist eine „psychopathologische Erscheinung", deren seelische Konstitution sich aus dem traumatischen Vatermord-Erlebnis herleitet. Es führt zur Verdrängung ihrer „Weiblichkeit", denn sie entsagt in der gleichnamigen Tragödie nicht nur ihrer Mutterrolle, sondern auch dem „süßen Schauder" wie ihrer „Scham". Ihr Körper habe, so heißt es im Text, „nichts zur Welt gebracht" als „Flüche und Verzweiflung"[7]. Die sich im Laufe der Tragödie zuspitzende sprachliche Sexualisierung

[4] Siehe hierzu Sonja Bayerlein, *Verkörperte Musik – Zur Dramaturgie der Gebärde in den frühen Opern von Strauss und Hofmannsthal*, Hamburg 2006.
[5] Richard Strauss, *Dokumente. Aufsätze, Aufzeichnungen, Vorworte, Reden. Briefe*, Leipzig 1980, S. 139.
[6] Richard Strauss, *Dokumente*, a. a. O., S. 138.
[7] Dieses und die vorigen Textzitate: Hugo von Hofmannsthal, *Elektra*, *Gesammelte Werke*, Bd. II, Berlin 1930, S. 118 und 171.

hängt reziprok mit Elektras körperlichem Verfall zusammen.[8] Je weiter sich Elektra von ihrem biologischen Körper entfernt, umso drastischer werden die sprachlichen Bilder. An der Wende zum 20. Jahrhundert war dies ein häufig verwendetes Bild für Hysterikerinnen. Somit hat Hofmannsthal in seiner Tragödie in gewisser Weise eine „moderne Hysterica im Gewand der Antike"[9] dargestellt.

Zu einer defizitär konnotierten Figur wird Elektra erst durch ihre Schwester Chrysothemis, die „anders als Elektra in ein weniger komplexes Geschlechtermodell einzupassen ist. Weiblichkeit ist hier durch die Mutterrolle definiert, von der sich Elektra in einer so diffusen wie auto-aggressiven Strategie absetzt."[10] Bayerlein unterstreicht, dass Elektras Vorstellung von weiblicher Sexualität ausschließlich negativ konnotiert sei. Sie reduziere das Verlangen auf das „Abbild der sexuellen Untreue, der lustvollen Beziehung ihrer Mutter zum Mörder ihres Vaters"[11].

Christoph Khittl interpretiert in seinem Aufsatz über den *Nervencontrapunkt als musikalische Psychoanalyse* [12] die Strausssche Tonsprache als Abbild Elektras und die von Strauss häufig verwendete Bitonalität (E-Dur und Es-Dur) als Spiegel ihrer gespaltenen Psyche.[13] Elektra aber unterschei-

---

[8] Siehe hierzu Sonja Bayerlein, *Musikalische Psychologie der drei Frauengestalten in der Oper Elektra von Richard Strauss*, Tutzing 1996.

[9] Nike Wagner, „Richard Strauss und die Moderne", in: *Richard Strauss, Hugo von Hofmannsthal, Frauenbilder*, hrsg. von Ilija Dürhammer und Pia Janke, Wien 2001, S. 38.

[10] Friederike Wißmann, »*Schweigen und Tanzen*«. *Elektra als Grenzgängerin bei Hugo von Hofmannsthal und Richard Strauss*, ÖMZ I/2012, S. 17-25.

[11] Sonja Bayerlein, *Musikalische Psychologie der drei Frauengestalten in der Oper Elektra von Richard Strauss*, Tutzing 1996, S. 66.

[12] Christoph Khittl, „Nervencontrapunkt als musikalische Psychoanalyse. Untersuchungen zu Elektra von Richard Strauss", in: *Richard Strauss, Hugo von Hofmannsthal, Frauenbilder*, a. a. O., S. 211ff.

[13] Anzumerken ist, dass die *Studien über Hysterie* von Breuer und Freud (1895) für die Interpretation der *Elektra* keinesfalls rückübertragbar sind, sondern als Arbeitsmaterial fungierten, das sich Hofmannsthal angeeignet hat.

det sich in ihrem Tatendrang und ihrer Wut deutlich von den Hysterikerinnen ihrer Zeit.[14] Entscheidend an der Elektra-Figur ist, dass die Rache an den Vatermördern ihr verwehrt bleibt. Sie kann ihre Wut nicht entladen und ist zur Passivität verdammt. Es wäre zu kurz gegriffen, das Modell der aktiven und weiblichen Rollen auf eindimensionale Genderkonnotationen zuzuschreiben. Schon die Analogie Elektras zur Hamlet-Figur in dem Unvermögen, eine zwingend erscheinende Tat zu vollstrecken, zeigt, dass diese Konstellation des Tragischen nicht auf ein „Weiberschicksal" reduziert werden kann. Die tragische Passivkonstruktion ist dennoch ein Motiv, das in den Opern von Strauss die Frauen-Figuren bestimmt.

Am Ende der Oper verlagert Elektra ihre Fixierung von der Rachetat auf eine Sprachgewalt und dann auf den Todestanz, womit sich, so wie auch in der Oper *Daphne*, eine Verwandlung ereignet. Doch während Elektras Tanz Ausdruck ihrer seelischen Disposition ist, vollzieht sich Daphnes Verwandlung, basierend auf den Ovidschen *Metamorphosen*, tatsächlich. Aber auch diese Handlung, die in der griechischen Vorzeit verortet ist, wird als Bild für einen pathologischen Befund lesbar. Noch im Kindesalter von den dionysischen Festlichkeiten und deren rauschhaften Ausuferungen traumatisiert, verstört Daphne die sexuelle Liebe. Daphne bleibt, konfrontiert mit Gefahr und Gewalt, am Ende nur die Flucht aus der Welt. Sie lässt ihre menschliche Hülle zurück und verwandelt sich in einen Baum. Daphnes Schlussmonolog ist, so wie schon Elektras Tanz, auch ein Entschwinden aus der Diesseitigkeit. Sie verlässt ihren Körper und mit ihm ihre irdische Existenz.

[14] Siehe hierzu Ilija Dürhammer und Pia Janke (Hrsg.) in dem Band zu *Richard Strauss. Hugo von Hofmannsthal. Frauenbilder.*

Sofie Cordes-Palm als Elektra, Karlsruhe 1915

Den Schluss komponierte Strauss in einem dichten, zu weiten Teilen kontrapunktischen Satz, und dennoch scheint die Musik transparent. Dadurch hat der Hörer den Eindruck, die Kausalität der Oper sei – zumindest für diesen Moment – in die Musik verlegt. Im Zuge ihrer Verwandlung ändert der Komponist die Klangfarbe des Orchesters vom pastoralen Bläsersatz hin zu einem komplexen Gewebe. Ob die Glissandi in Streichern und Harfe tatsächlich als Rauschen des Windes, die Flötentriller als Vogelgesang gemeint waren, ist nicht wesentlich. Entscheidend ist, dass Strauss die Verwandlung nicht als tragischen Verlust in Musik setzt, sondern als Passage interpretiert. Die Naturwerdung am Ende der Oper klingt nicht wie ein tödliches Ende, sondern sie wird für den Hörer als zeitlose Synthese sinnlich erfahrbar.[15] Nicht nur die geteilten ersten Violinen[16], vor allem die Oboe, assoziiert mit der Hirtenszene am Stückbeginn, greift die zuvor von Daphne intonierten Vokalisen auf. Damit setzt sich im Orchester etwas fort, was in der Sprache ein Ende gefunden hat. Die auf der Handlungsebene offensichtliche Erstarrung wird durch die Musik relativiert, und so wie in der *Frau ohne Schatten*, in der die Kaiserin erst durch die Selbstüberwindung zu ihrer Bestimmung findet, erscheint auch Daphnes Entsagung als transzendierte Seinsstufe.

[15] Kerstin Schüssler-Bach findet, dass „diesen Metamorphosen [...] der Ton der Melancholie" fehlt, in: *Mondlicht und Metamorphosen. Über musikalische Momente in „Daphne"*. Programmheft der Staatsoper Hamburg 2008, S. 25.
[16] Die Violinen spielen zudem in besonders hohen Registern über dem Streicherflageolett.

Pauline de Ahna als Freihild in *Guntram*, Weimar 1894

Zwischen den Furien auf der Opernbühne und dem Frauenbild, welches das Privatleben des Komponisten bestimmte,
liegen scheinbar Welten. Strauss heiratete eine Sängerin, die
an seiner Seite zur Hausfrau wurde. De Ahna war zum Zeitpunkt des Kennenlernens eine aufstrebende Opernsängerin.
Strauss machte die Bekanntschaft mit seiner späteren Ehefrau bei einer Bühnenproduktion. Sie sang in einer, so fand
der Komponist, insgesamt wenig geglückten Aufführung des
Tristan, wo sie trotzdem „vom Publikum stürmisch beju-
belt"[17] wurde.

Nicht nur sängerisch, sondern auch in Bezug auf die schau-
spielerische Darstellung füllte sie engagiert die Bühnenrollen.
Und Pauline de Ahna trat, glaubt man den überlieferten bio-
graphischen Dokumenten, weder schweigsam noch schatten-
los in Erscheinung. Im Gegenteil, sie galt auf der Bühne wie
in ihrer Rolle der ,besseren Hälfte' als besonders ausdrucks-
stark. Als Richard Strauss und Pauline de Ahna noch Kollegen waren, habe Pauline mit dem Klavierauszug nach
Strauss geworfen, da er ihre Partie nicht so probierte, wie sie
es sich wünschte.[18]

Auch weil die Ehe von Pauline und Richard Strauss ansons-
ten so skandalarm war, ist vielfach die Mieze-Mücke-Episode
überliefert: Pauline erblickt 1902 einen Brief, in dem sich
eine Dame mit ihrem Gatten in der „Union Bar" treffen wollte. Unterschrieben ist er mit „Mieze Mücke", woraufhin Pauline – ohne Rücksprache mit ihrem Ehemann – prompt die
Scheidungsformalitäten einleitete. Ihre Wut erwies sich als
grundlos, denn es scheint so, als sei sich dieses Paar über ein
halbes Jahrhundert treu geblieben.

---

[17] Richard Strauss, *Dokumente. Aufsätze, Aufzeichnungen, Vorworte,
Reden. Briefe*, Leipzig 1980, S. 136.
[18] Richard Strauss, *Dokumente*, a. a. O., S. 136.

Pauline und Richard Strauss als junges Ehepaar

Dass die Hochzeit mit dem Komponisten für sie das Ende ihrer Künstlerkarriere bedeuten würde, das wusste die junge Frau schon zum Zeitpunkt ihrer Verlobung. Nach ihrer Hochzeit wurde sie Frau Direktor Richard Strauss – ein Schicksal, das sie mit vielen begabten Frauen ihrer Generation teilte. Auf die Brautwerbung reagierte die junge Frau mit gemischten Gefühlen. Sie schreibt in einem Brief vom 24. März 1894 nicht nur über ihre Freude, sondern auch über ihre stichhaltigen Bedenken. In erster Linie geht es der jungen Sängerin hier um die Liebe zu ihrem Beruf, um den sie in ihrer Position als Ehefrau bangen muss.

„Mein lieber Herr Strauss! Das kommt ja alles wie ein Sturzbad; ich bitte Sie um Gotteswillen, sich nicht übermäßig zu freuen, Sie wissen ja selbst am besten, wie viele Fehler ich habe und ich sage Ihnen aufrichtig, es ist mir trotz allem Glücksgefühl, was mich überkommt, manchmal entsetzlich bang. […] verzeihen Sie diesen Brief, aber ich bin von zwei Gefühlen – des Glücks und der Angst vor einem neuen Leben – so befangen, daß ich nur halb zurechnungsfähig bin. Bitte lassen Sie mich wenigstens hier noch recht viele Partien singen; das wird mir über manches hinweghelfen."

Die Verlobung erfolgte – trotz der bestehenden Zweifel de Ahnas – am 10. Mai 1894. Bis zur Uraufführung der Oper *Guntram*, die Strauss auf einer Ägyptenreise komponiert hatte, blieben noch zwei Tage.

Der Sohn Franz wurde im Jahr 1897 geboren, wonach de Ahna sich ganz aus dem öffentlichen Leben als Sängerin zurückzog. Warum gab Pauline de Ahna ihren Beruf auf? Hat Richard Strauss sie dazu bewogen, sich, ähnlich wie es Gustav Mahler seiner Gattin anempfahl, den häuslichen Pflichten zu widmen? Im Falle Richard und Pauline Strauss ist diese Frage nicht so eindeutig zu beantworten, denn Strauss schätzte die musikalische Begabung seiner Frau. Er widmete ihr nicht nur die *4 Lieder für eine Singstimme mit Begleitung des Pianoforte* op. 27 („meiner geliebten Pauline"), er meinte auch, dass keine andere Frau seine Lieder je so schön gesungen habe. Noch 1947 konstatierte Strauss: „Schade, dass sie sich zu früh dem schönen Beruf einer vorbildlich ausgezeichneten Hausfrau und Mutter zugewandt hat". Es scheint so, als habe Strauss, der seiner Gattin manche Schrulle verzieh und mit ihr tatsächlich einen Bund fürs Leben einging, dies durchaus so gemeint. Festzuhalten aber bleibt, dass es ja seine Lieder waren, die Pauline de Ahna so schön sang.

Die so unterschiedlichen Frauenfiguren von Richard Strauss scheinen kaum vereinbar, denn die Ehegattin und die Bühnenfiguren stammen aus diametral entgegen stehenden Welten. So wie in der Strauss-Oper *Ariadne auf Naxos* die seriöse Oper als eine Art Parallelwelt zur buffonesken Sphäre der Spielleute und Gaukler inszeniert ist, so begegnet in der Biographie von Richard Strauss eine biedermeierlich anmutende Privatwelt der wilden und blutrünstigen Sphäre der Fin-de-Siècle-Opern. Erst im Subtext der Oper werden die Parallelen offensichtlich, und so ahnt man die Analogien der scheinbar entgegengesetzten „Weibsbilder".

Norbert Abels

Musik des Ganzen

Aspekte zum Antinomischen bei Strauss und Hofmannsthal[1]

> *Die Welt schaut von oben aus*
> *wie ein geflickter Rock*
> Richard Strauss

> *Der höhere Mensch ist die Ver-*
> *einigung mehrerer Menschen*
> Hugo von Hofmannsthal

„Wo ist die Grenze zwischen der Tätigkeit des Verstandes und der Phantasie?"[2] Die Frage nach den geistigen, inspirativen Vorgängen beim Kompositionsakt beantwortete Richard Strauss mit dem Hinweis auf die im entscheidenden Augenblick eintretende Erschließung einer „Quelle der unendlichen und ewigen Kraft, aus der Sie und ich und alle Dinge hervorgehen".

Über die so große tonsprachliche Differenz zwischen den zur gleichen Schaffensperiode entstandenen ersten Werken der Zusammenarbeit mit Hugo von Hofmannsthal, *Elektra* und *Der Rosenkavalier*, äußerte er, den Vergleich mit der Verschiedenheit von Shakespeares Dramen *Midsummer Nights Dream* und *The Tragedy of King Richard III.* anführend: „Während die Ideen auf mich einströmten – die Motive, Themen, Grundmelodien, das harmonische Gewand, die Instrumentation, kurz die gesamte Musik, Takt für Takt – war mir, als diktierten mir zwei gänzlich verschiedene allmächtige Wesenheiten. (…) Die Empfänglichkeit für die Aufnahme

---

[1] Der Text ist eine überarbeitete Fassung des Vortrags zu dem Strauss-Symposium in der Oper Frankfurt 2014.
[2] R. Strauss, *Betrachtungen und Erinnerungen*, Zürich 1981, S. 164.

von solch grundverschiedenen Eingebungen erfüllte mich
mit Staunen ... "[3].

Hugo von Hofmannsthal, um 1910
Foto: Nikolaus Perscheid

[3] Arthur M. Abell, *Gespräche mit berühmten Komponisten über die
Entstehung ihrer unsterblichen Meisterwerke, Inspiration und Genius
– Richard Strauss, Brahms, Puccini, Humperdinck, Max Bruch, Edvard
Grieg*, Kleinjörl bei Flensburg 1981.

Dergleichen Wesenheiten mögen wohl nicht zuletzt auch dem so heterogen und dissoziierend sich präsentierenden Genius jener Epoche, der Epoche eines kaum noch zu überschauenden ästhetischen Stilpluralismus, entsprungen sein. Es war dies ja nicht zuletzt eine Epoche der Zerrissenheit. Eine mit dem Fin de Siècle anhebende Zeit der Dualismen und Gegensätze, worin etwa der Chorismos von Einzelnem und Allgemeinem, Europa und Asien, Lebens- und Destruktionstrieb, Kulturobjekt und zeitlich begrenztem Leben thematisch wurden; hinzu traten das Auseinanderfallen des Geistes in Sinnlichkeit und Intellektualität, in Seele und Form, gar noch der Geist als Widersacher der Seele – allesamt Ideen, die als Erklärungskonstrukte des modernen Daseins fungierten.

Demgemäß und in großer Affinität zu den gleichwohl „grundverschiedenen Eingebungen" des Komponisten Strauss diagnostizierte Hugo von Hofmannsthal die Gegenwart: „Daß man selber, ein Einziger, in sich allein, seine verschiedenen Stile hat, hängt vielleicht doch mit der Zeit, in der wir leben (...) zusammen"[4]; einer Zeit, so diagnostizierte er prägnanter noch an anderer Stelle, welcher der Begriff des Ganzen in der Kunst überhaupt verlorengegangen sei. Kaum zugespitzter und so unauflösbar wie die unzählbare Tonartenrelationen ermöglichende Tristanakkord erschien im dissonanten Elektraakkord mit seiner scharf schneidenden tritonalen Spannung zweier ineinander gezwängter Sextakkorde (Des-Dur und E-Dur) diese Zerrissenheit als eine der Seele selbst.

Das gesamte gemeinsam erarbeitete Werk des Dichters und des Tonsetzers – „Es ist sicher kein Zufall, dass zwei Individuen wie wir einander innerhalb der gleichen Epoche zu begegnen hatten"[5] – kreist unter produktionsästhetischem Primat um die Frage, welche synthetisierende Instanz hinter

---

[4] Zitiert nach Willy Haas, Gespräch mit Hugo von Hofmannsthal, *Die Literarische Welt*, Stuttgart 1963, S. 37.
[5] Hugo von Hofmannsthal/Richard Strauss, Briefwechsel, S. 213.

den dichotomen Erscheinungen einer zerrissenen Gegenwart auszumachen ist. Von der zu Beginn des Briefwechsels im Jahre 1900 ausgesprochenen Affinität, worin laut Hofmannsthal vom *rechten* Entgegenkommen des Charakters der Strauss'schen Musik die Rede ist, bis zum fast dreißig Jahre später verfassten letzten Brief über den kontemplativ gestalteten Schluss ihrer lyrischen Komödie – „war aber nicht sicher, es Ihnen damit *recht* zu machen"[6] – beherrscht diese Frage die Stadien einer Zusammenarbeit, die allemal in der Geschichte des Musiktheaters ihresgleichen sucht. Von *Elektra* bis zu *Arabella* also lässt diese in ihrer höchst unterschiedlichen Farbgebung so mannigfaltig camouflierte Recherche sich durchdeklinieren. In *Ad me ipsum*, worin das Ich mit dem Universum und die Präexistenz mit der Existenz enggeführt wird, hat Hofmannsthal das Projekt so beschrieben: „Zwei Antinomien waren zu lösen, die der vergehenden Zeit und der Dauer – und die der Einsamkeit und der Gemeinschaft. Ohne Glauben an die Ewigkeit ist kein wahrhaftes Leben möglich."[7] Unendlichkeit, Ewigkeit und die Einheit der Gegensätze: Treffen sich zwei Geraden erst im Unendlichen? Wohl kaum, denn das Unendliche ist kein Ort. Näher als das alte euklidische Parallelenaxiom liegt, wenn man Antinomien auflösen will, der cusanische Gedanke an die unendliche Einheit, an die *coincidentia oppositorum*. Das Unterschiedliche ist zugleich das Eine. Wagners Idee des *laut erklingenden Schweigens* als ausschließliche Form der unendlichen Melodie ähnelt dieser Konstruktion. Musik, die nach Hofmannsthals Wort die Zeit in Raum verwandelt, lässt gleichwohl die Töne dieses Schweigens wieder zum erhörten Klang werden: „Wir Komponisten projizieren das Unend-

---

[6] Hugo von Hofmannsthal/Richard Strauss, Briefwechsel, S. 16, S. 696, Hervorhebungen vom Autor.
[7] Hugo von Hofmannsthal, Gesammelte Werke, *Aufzeichnungen*, Frankfurt 1973, S. 228.

liche, Unbegrenzte in das Endliche, Begrenzte"[8], formulierte genau in diesem Sinn Richard Strauss.

Die thematischen Koordinaten aller Zusammenarbeiten von Hofmannsthal und Strauss, zu denen sich noch der Begriff der *Treue*, „der Halt von allem Leben"[9] und der mit ihm auf's engste verwandte der *Verwandlung*, „das Ich als Werden"[10], hinzugesellen, sind hiermit angeführt und ließen sich durch eine stupende Anzahl entsprechender Äußerungen noch vervollständigen. Indessen macht wie beim Elektraakkord, der musikalischen Chiffre der Antinomie, erst die Reibung zweier Elemente das Einzigartige des Zusammenklanges aus. So auch im Falle des Komponisten und seines Librettisten. Wenn so etwas existiert wie ein produktives Missverständnis, dann mag der Briefwechsel zwischen Hugo von Hofmannsthal und Richard Strauss hierfür einen schlagenden Beweis liefern. Ohne gleich, wie einst der Frankfurter Literaturwissenschaftler Richard Alewyn, behaupten zu wollen, dass es nichts gäbe, was ihm „vergleichbar wäre in der Weltliteratur", besticht doch die Konkordanz des Gegensatzes, das Zusammenfallen zweier höchst unterschiedlicher Schaffens- und Lebenslinien in dieser Korrespondenz so sehr, dass sich tatsächlich der Gedanke an das Theorem von der Auflösung des Widerspruchsprinzips aus der frühen Neuzeit einstellt. „Jeder Stoff führt an jedem Punkt ins Unendliche"[11] sagt in diesem Sinne Hofmannsthal.

Zwei *Antinomien* seien zu lösen gewesen, bilanziert Hofmannsthal zur Zeit der Arbeit an *Die Frau ohne Schatten* das Grundproblem des bislang Geschaffenen. Gemeint ist damit das eigene Werk, wohl aber insbesondere das der Zusammenarbeit mit Strauss. Angeführt wird zunächst die Antinomie von Sein und Werden, „die der ergehenden Zeit und der

---

[8] Arthur M. Abell, *Gespräche mit berühmten Komponisten über die Entstehung ihrer unsterblichen Meisterwerke ...*, a. a. O.
[9] Hugo von Hofmannsthal, *Aufzeichnungen*, a. a. O., S. 228.
[10] Ebda S. 216.
[11] Hugo von Hofmannsthal, *Buch der Freunde*, Frankfurt 1967, S. 72.

Dauer"[12], ein ontologischer Kerngegenstand schon bei Parmenides (unbewegtes Sein) und Heraklit (Sein als andauernde Bewegung), der sich als bis zur „ontologischen Differenz" von *Sein und Zeit* verfolgen lässt. Zum zweiten führt Hofmannsthal die Disparität von Ich und Welt an, facettiert auch als Polarisierung von Individuum und Gesellschaft oder *Antinomie* von „ Einsamkeit und der Gemeinschaft"[13].

Als Aufhebung dieser fundamentalen Antinomien wurde ihr gemeinsames Zentrum im „Gefühl der Einheit" erkannt, auch „dort, wo Kontraste dargestellt sind (…) wie die heroische Elektra und die nur weibliche Chrysothemis"[14].

Vielfarbig ist die Palette dieser so zentralen Größe. Darunter: *Einheit der Seele, Alleinheit der Dinge, Einheit des Ganzen, geistige Einheit als Überwindung aller Zweiteilungen, Einheit des höheren Menschen,* Daseinseinheit als *Vereinigung von körperlicher und geistiger Welt* „in einer Art von andauernder Trunkenheit"[15] oder – musikalisch gewendet – „Einheit des Aufschwunges und Klanges, (…) tönendes Anschwellen der Seele."[16] Dies sind nur einige Beispiele aus einem umfangreichen Begriffssortiment.

Ein kurzer Überblick auf die Wandlungen der für alle gemeinschaftlich geschaffenen Opern geltenden Antinomiethematik zeigt zugleich die erstaunliche *Einheit* dieser Werke. Zum Skandal, der dem der *Salome* gleichkam, wurde *Elektra,* der man wie bei jener – man denke an Jochanaans Enthauptung – überdeterminierende Lautmalerei vorwarf, darunter das Schmuckgeklapper der Klytämnestra, die Peitschenhiebe der Opferzeremonie und dergleichen mehr.

Strauss hat die bis „an die äußersten Grenzen der Harmonik, psychischer Polyphonie" gehende, für ihn maßgebliche Grundidee, die in der radikalen Tonsprache der einaktigen Oper

---

[12] Hugo von Hofmannsthal, *Aufzeichnungen,* a. a. O., S. 228.
[13] Ebda.
[14] A. a. O. S. 234.
[15] Hugo von Hofmannsthal, Gesammelte Werke, Prosa II, *Ein Brief,* S. 10.
[16] Ders., Gesammelte Werke, Prosa III, *Blick auf Jean Paul,* S. 156.

den ästhetischen Gegensatz zum harmonisierenden Antiken-
bild der Weimarer Klassik schuf, so formuliert: „Der Wunsch,
dieses dämonische, ekstatische Griechentum des 6. Jahrhunderts Winckelmannschen Römerkopien und Goethescher
Humanität entgegenzustellen."[17]

An den beiden Frauengestalten, dem Geschwisterpaar Elektra, deren bitonale Personalsignatur ausweglose, wandlungs-
unfähige, manische Fixiertheit festhält, und Chrysothemis
mit ihrer hellen Es-Dur-Welt, getragen vom Wunsche, ab-
zuwerfen die Last des Vergangenen, sich zu befreien aus dem
ausweglosen Familiendesaster, Kinder zu gebären, zeigt sich
die Grundidee; ebenso hernach bei Ariadne und Zerbinetta –
„an dem Verlorenen festhalten, ewig beharren, bis an den
Tod – oder aber *leben*, weiterleben, hinwegkommen, sich
verwandeln"[18]; die Färberin und die Kaiserin, freilich auch
der Kaiser und der Färber Barak in *Die Frau ohne Schatten*,
der – so Strauss – *letzten romantischen Oper*, worin sich beide Antinomien auflösen, schließen sich an. Aufgehoben ist
dort die Polarität von Ich und Welt in einer Allegorie des So-
zialen, worin das Selbst sich erkennt in dem des Anderen.
Die Antinomie von Sein und Werden hebt sich auf im ab-
schließenden Einklang der Frauen, die beide loslassen können von einer als ewiges Schicksal empfundenen Macht und
sich verwandeln.

Ariadnes, im Oktavwechsel nach unten als Sphäre, wo alles
rein ist, apotheotisiertes Totenreich kontrastiert scharf mit
den kolorierenden, bis in die höchsten Regionen, bis zum
Spitzenton Fis heraufgeschwungenen Ausblicken der Zerbinetta auf die amouröse, durchaus aber alltägliche Wandel-
barkeit der Leidenschaft. Am Ende wird die Titelgestalt verwandelt, weil sie – ein produktives Missverständnis – im Dionysischen die einstige Stimme aus dem dunklen Labyrinth,
im forciert tenoral sich präsentierenden Deus ex machina-

---

[17] Richard Strauss, *Betrachtungen und Erinnerungen*, Zürich 1981,
S. 231.
[18] Hugo von Hofmannsthal/Richard Strauss, Briefwechsel, S. 134.

Gesang des Rauschgottes die des unglücklich Geliebten zu identifizieren vermeint. „So sind denn die beiden Seelenwelten in dem Schluss ironisch verbunden, wie sie eben verbunden sein können: durch das Nichtverstehen."[19]

Beteiligte an der Uraufführung des *Rosenkavalier*, Dresden 1911: Sitzend Nikolaus von Seebach (Intendant) und Richard Strauss (Komponist), stehend: Max Reinhardt (Regisseur)als dritter von links, rechts daneben Hugo von Hofmannsthal (Textdichter). (Foto: Martin Herzfeld)

Welten scheinen zwischen den schmerzerfüllten Dissonanzen der *Elektra* und der silbernen Traumwirklichkeitsmusik der märchenhaften Rosenüberreichungsszene mit ihrem Celestaklang zu stehen. Es waren aber, fast auf den Tag genau, nur zwei Jahre, die die Uraufführungsdaten der zwei Meisterwerke trennten. Dem Tragischen folgt gerne das Komische. Der *Rosenkavalier* sollte ganz in diesem faunisch-dionysischen, ja satyrhaften Sinne ursprünglich einmal *Ochs von Lerchenau* heißen. Manchmal aber vermischen sich beide Farben und es destilliert sich das Tragikomische daraus.

---

[19] Hugo von Hofmannsthal/Richard Strauss, Briefwechsel, S. 134.

Dann erlauschen wir hinter den heiteren Walzerklängen aus der Wienerstadt die Melancholie der Einsamkeit und die Gewissheit des Verlassenwerdens. Wir erkennen, dass es sinnlos ist, inmitten durchwachter Nächte die Uhren anzuhalten, um dem unaufhaltsamen Lauf der Dinge Paroli zu bieten. Strauss hat dem wiederum tonmalerisch mit einem Moment absoluter Stille nachgespürt. Wir erfahren erschrocken den tiefen Gegensatz zwischen unserer inneren Zeitempfindung und der stur weiterschreitenden physikalischen Zeit da draußen, die sich um unseren Seelenzustand einen Kehricht schert. Gleichwohl, so belehrt uns Marie Therese, die Feldmarschallin und Fürstin von Werdenberg, solle man sich am Ende auch vor ihr nicht fürchten, denn auch sie sei „ein Geschöpf des Vaters, der uns alle erschaffen hat." Ein Gedanke, den im gleichen aufgeklärten Jahrhundert Leibniz bereits vorgegeben hatte, indem er seiner Leserschaft den lieben Gott als einen Uhrmacher und die Welt als dessen gleichförmig tickende Schöpfung präsentierte. Der nimmersatte Eros und die zwischen den Fingern zerlaufende Zeit, die auf Ewigkeit plädierende Lust und die Endlichkeit der Liebe, die Erfahrung eben, dass alles gleitet und vorüberrinnt: das sind die von der Musik wundersam synthetisierten Grundelemente der zweiten und wohl erfolgreichsten Oper von Richard Strauss und Hugo von Hofmannsthal. Eine tiefe Einheit von Dauer und Wandel entsteht dabei in Hofmannsthals den Gegensatz vereinigenden Worten: „… es ist augenblicklich und ewig". Die Auflösung der Antinomie vollzieht sich hier in einer einzigen Figur, der Marschallin. Ihr gelingt es in der Betrachtung ihres eigenen Spiegelbildes, den Zukunftsblick auf ihre eigene gebrechlich gewordene Erscheinung zu synchronisieren mit dem Rückblick auf ihre Kindheit:

„Was erzürn' ich mich denn? ist doch der Lauf der Welt.
Kann noch auch an ein Mädel erinnern,
die frisch aus dem Kloster ist in den heiligen
Ehestand kommandiert word'n.

Nimmt den Handspiegel
Wo ist die jetzt? Ja, such dir den Schnee vom vergangenen Jahr.

Das sag' ich so:
Aber wie kann das wirklich sein,
daß ich die kleine Resi war
und daß ich auch einmal die alte Frau sein werd!
Die alte Frau, die alte Marschallin!
»Siegst es, da geht's, die alte Fürstin Resi!«
Wie kann denn das geschehen?
Wie macht denn das der liebe Gott?
Wo ich doch immer die gleiche bin.
Und wenn er's schon so machen muß,
warum lasst er mich denn zuschau'n dabei,
mit gar so klarem Sinn? Warum versteckt er's nicht vor mir?
Das alles ist geheim, so viel geheim.
Und man ist dazu da, daß man's ertragt.
Und, in dem »Wie« da liegt der ganze Unterschied."[20]

Die Ägyptische Helena, das zweiaktige Werk des Komponisten und seines Textdichters, dem als einziges der Sprung ins eingeschliffene Opernweltrepertoire trotz Strauss' nicht unsüffisanter Einlassung an Fritz Busch, er müsse ja auch etwas für die Dienstmädchen schreiben, die in die Oper gingen, nicht beschieden war und das sich auch Hofmannsthal als ein spätantikes und graziöses, „auch ein wenig freches Lustspiel (…) mit viel Parlando …" vorgestellt hat, enthält gleichwohl einen tiefen Grundgedanken. Er bringt eine neue und gegenwärtig erst, im Zeitalter der Simulacren und der Universalität des Virtuellen, sich ganz offenbarende Bedeutungsdimension hervor, die Hofmannsthal mit dem Begriff des *Dämonischen* antizipierte. Eine hermetische Scheinwelt

---

[20] Hugo von Hofmannsthal, Gesammelte Werke, *Der Rosenkavalier*, Lustspiele I, S. 301-302.

wird am Ende durchbrochen. Beide, Menelas und Helena, die göttliche Tochter Kronions, die von innen her gezwungen sind, den Verkennungsbann, den die Täuschung über sie verhängt und in eine besinnungslose Eigendynamik der Einander-Verkennung gestürzt hat, selbsttätig wieder aufzulösen und sich zurückzubesinnen, was allegorisch im Sich-Wenden der Pferde am Schluss ausgedrückt ist, finden sich dort wieder. Die Macht des alles verwandelnden und in seinen Bilderstrom ziehenden Stroms des Trugs muss erst durchmessen werden, um das Festland der wieder gefundenen Wirklichkeit zu betreten und am Ende die Augen für die Wahrheit zu öffnen. Die artifiziellen mythischen Elemente, der Täuschungstrank, „das Vergessen, das Wiedererinnern, lauter Verkürzungen für Seelenvorgänge"[21] – sie alle dienen dazu, aus der *Maske des Ich* wieder zum Ich selbst zu gelangen.

Der Stoff, durch den die Gegensätze, hier in den Figuren des Menelas und der Helena gefasst, aufgehoben werden, um die Figuren „einer endgiltig sittlichen Lösung"[22] entgegenzuführen, sei, so Strauss, nur die Musik selbst.

Mit einem Panorama des gründerzeitlichen, von Hermann Broch trefflich als Epochenportrait einer „fröhlichen Apocalypse" inventarisierten Zeitraums, für den Hofmannsthal die Epitheta ordinär, frivol, gefährlich, gewöhnlich, vergnügungssüchtig fand, schließt die Zusammenarbeit beider Künstler. Hofmannsthals plötzlicher Tod im Sommer 1929 – die Weltwirtschaftskrise tobte bereits mit voller Kraft und des Stückes Sicht auf die Spielsucht einer schuldenmachenden, bankrottierenden Metropole trug nunmehr globale Züge – beendete eine einzigartige Symbiose, in der Wort und Ton ihre jeweilige Autonomie zu wahren wussten. Hier wies sich, um mit Carl Dahlhaus zu sprechen, in der Tat „Dichtung als Librettistik" aus. Nie, sagte Strauss selbst, habe „ein Musiker so einen

[21] Hugo von Hofmannsthal, Gesammelte Werke, Prosa IV, *Die Ägyptische Helena*, S. 457.
[22] Richard Strauss, *Betrachtungen und Erinnerungen*, Zürich 1981, S. 181.

Helfer und Förderer gefunden."[23] Es mag am Ende dieser Symbiose Momente der Stagnation, gar *eine innere Ermüdung, ein Erkalten,* gegeben haben. Man stand in Gefahr, Einmaliges wiederholen zu wollen. Wie in *Die Frau ohne Schatten* kamen nach den Wirrnissen und den wunderlichsten Quid pro quos einschließlich Zdenkas Hosenrolle am glücklichen Ausgang zwei Paare zueinander. Eine andere Reminiszenz freilich löste die Kritik des Komponisten aus. Hofmannsthals der Silberrosenüberreichungsszene ähnelnde Idee, in der Finalszene der *Arabella* im Entgegentragen des vollen Wasserglases eine einfache, ländliche, hier aber in die Metropole transferierte Zeremonie des Zueinandergehörens zu gestalten, stieß auf den polternden Einspruch des hier tragische Spannung präferierenden Komponisten, der einen durch Selbstmord verröchelnden Mandryka den letzten Schluck aus dem ihm dargereichten Glas trinken lassen wollte. Ein grotesker Einfall, der die am Ende nach allem Walzertaumel, Operettenzauber und den jodelnd hysterischen Trillern der Fiakermilli unabdingbare Kontemplation der Versöhnung widersprochen und damit einen wunderbaren Schwanengesang auf das alte und eigentliche Leitmotiv der gemeinschaftlich entstandenen Werke zerstört hätte. Das zu den Quartsextakkorden eintretende, verzaubernde Licht, das dort eine gewöhnliche urbane Hotelstiege illuminiert, beleuchtet auch den letzten Blick auf dieses Motiv, die letzte, in schlichter Kontrapunktik erklingende, äußerst kunstvolle Variante der beiden Aporien. Mandryka: „Und du wirst bleiben, wie du bist?" Arabella: „Ich kann nicht anders werden, nimm mich, wie ich bin!".

In solchem Ausgleich, der – mit der bezeichnenden Ausnahme der so mutigen, mit einer neuen Tonsprache versehenen *Elektra* – den Ausgang aller Opernwerke Hofmannsthals und Strauss´ bildet, erscheint zugleich eine soziale Uto-

---

[23] Richard Strauss, nach Walter Panofsky, *Richard Strauss,* Berlin, Darmstadt, Wien 1965, S. 269.

pie, deren nicht nur inszenatorische Einlösung noch immer aussteht. Hofmannsthal hat sie, sich ganz ähnlich wie Richard Strauss auf William Shakespeare beziehend, als Konzept „einer „Musik des Ganzen" formuliert: „Ein Ensemble, worin der Unterschied zwischen Groß und Klein aufgehoben ist, insofern eines um des andern willen da ist, das Große um des Kleinen willen, das Finstere um des Hellen willen, eines das andere sucht, eines das andere betont und dämpft, färbt und entfärbt, und für die Seele schließlich nur das Ganze da ist, das unzerlegbare, ungreifbare, unwägbare Ganze".[24]

---

[24] Hugo von Hofmannsthal, Gesammelte Werke, Prosa I. *Shakespeares Könige und große Herren*. Ein Festvortrag, S. 140.

Ann Kersting-Meuleman

Richard-Strauss-Dokumente im Manskopfschen Musikhistorischen Museum

Eine der interessantesten und vielfältigsten Sammlungen der Universitätsbibliothek Frankfurt ist die Sammlung Friedrich Nicolas Manskopf. Friedrich Nicolas Manskopf entstammte einer angesehenen, wohlhabenden Weinhändlerfamilie, die seit dem 18. Jahrhundert in Frankfurt am Main ansässig war. Der 1869 geborene Nicolas besuchte die Adlerflychtschule und erhielt Violinunterricht bei Robert Pfitzner, dem Vater des Komponisten Hans Pfitzner. Die Familie Manskopf hatte durch großzügige Spenden zum Bau des Opernhauses beigetragen, so dass ihr ab 1880 eine Loge zustand. So lernte der junge Nicolas neben der Hausmusik auch bald das in Frankfurt gespielte Opernrepertoire kennen.

Nach Abschluss der Schule und nur dreimonatigem Militärdienst im Jahre 1887 begann er eine kaufmännische Lehre beim Onkel mütterlicherseits in Lyon. Dort pflegte er seine musischen Interessen. Er nahm Violinunterricht, besuchte Konzert- und Opernaufführungen und ließ sich von den Eltern Rezensionen der Frankfurter Konzert- und Theaterveranstaltungen schicken. Für seine Ausbildung zum Weinhändler ging er 1889 für zwei Jahre nach London. Von dort sind die ersten gewichtigeren Gegenstände seiner beginnenden Sammelleidenschaft erhalten: er erwarb dort u. a. eine Wasserkanne aus dem Besitz Beethovens, mit der dieser sich nach dem Klavierspiel die Hände gekühlt haben soll. Manskopf wurde nun selbst als Rezensent aktiv: er schrieb Berichte über das Londoner Konzertleben für die *Allgemeine Deutsche Musikzeitung* und die *Lyra* (Wien).

Bei seinem anschließenden Parisaufenthalt in den Jahren 1891/92 war er häufig zu Gast bei der aus Frankfurt stammenden Sängerin Mathilde Marchesi. In ihrem Haus traf er namhafte Persönlichkeiten der Musikwelt und konnte von ihnen Erinnerungsstücke für seine Sammlung erbitten. Marchesi unterstützte ihn durch positive Erwähnung seiner Musiksammlung, die dadurch an Renommee gewann.

Manskopf war an beinahe allen möglichen Materialien interessiert: in seine Sammlung aufgenommen wurden Noten- und Briefmanuskripte, Fotos von Musikern und Bühnenkünstlern, Textbücher, Plakate, Soufflierbücher, Zeitungsausschnitte, Karikaturen, Gemälde und Musikinstrumente. Darunter war z. B. auch eine Tanzmeistergeige aus dem Besitz von Franz Liszt.

Zu dieser Zeit begann Manskopf aus seiner Sammlung Leihgaben für Spezialausstellungen zur Verfügung zu stellen, unter anderem 1892 ein Exponat für die Internationale Musik- und Theaterausstellung in Wien, 1896 für eine große Ausstellung in Paris sogar rund 600 Exponate. Er erhielt 1897 für den Fund eines frühen Manuskriptes der *Marseillaise* die Auszeichnung zum *Officier d'Académie*.

1893 kehrte Manskopf dauerhaft nach Frankfurt zurück. Er eröffnete mit einem Bekannten eine Weinhandlung in der Junghofstr. 16 und wohnte im Haus Untermainkai 54, wo sich auch seine Musiksammlung befand.

1894 erschien im Brüsseler *Guide Musical* ein Bericht über die Sammlung, die inzwischen auf 30.000 Objekte angewachsen war. Mitte der 1890er Jahre zog Manskopf in eine Wohnung am Wiesenhüttenplatz, um mehr Platz für die Sammlungsstücke zu haben, kurze Zeit später an den Untermainkai 27. Dort richtete er eine erste Sonderabteilung zu Richard Strauss ein, der später noch ein Richard-Wagner-Raum folgte.

Nach dem Tod des Vaters 1902, der bis dahin seine berufliche Laufbahn unterstützt hatte, musste Manskopf auch persönlich für den Handelsbetrieb haften und nicht nur die Prokura übernehmen. Er beschloss, eine eigene Weinhandlung zu gründen.

Friedrich Nicolas Manskopf (1869–1928)
Ölporträt nach einer Fotografie von Joseph Correggio, 1943

Diese brachte, zusammen mit dem Familienvermögen, genug Ertrag für den Lebensunterhalt und die allmähliche Erweiterung seiner Sammlung durch Ankäufe und Tausch.

Von seinen in Frankfurt selbst vorbereiteten Ausstellungen sind besonders erwähnenswert die Berlioz-Ausstellung im Jahre 1901, eine Verdi-Ausstellung 1902 und die Mozart-Ausstellung 1906 mit Exponaten aus der Bibliothek Paul Hirsch.

Durch Ausbruch des ersten Weltkrieges erlitt der Weinhandel starke Einbußen. Zeitweise waren keine Handelsbeziehungen zu Frankreich, England und anderen Nachbarländern möglich.

Besonders hart traf Manskopf die Entscheidung, sein Museum nicht als Ort öffentlichen Interesses anzuerkennen. Zeitweise waren sogar Gebäudeteile zur Gewinnung von Wohnraum beschlagnahmt. Immerhin gelang ihm mit Unterstützung des Lehrervereins, das Museum als pädagogisch anerkannte Institution zu etablieren.

Nach dem Tod der Mutter 1924 verlegte Manskopf das Museum in sein Elternhaus, Untermainkai 54, ungefähr in Höhe des heutigen Hotels Intercontinental.

Manskopf starb am 2. Juli 1928 an einem Schlaganfall. Die Erben übergaben das Museum der Stadt Frankfurt am Main als Schenkung. Bis 1944 befand es sich am Untermainkai. Nach Ende des zweiten Weltkrieges wird es seit 1947 als Archiv von der Abteilung Musik, Theater, Film der Universitätsbibliothek Frankfurt betreut. Lange Zeit waren die Museumsstücke nur einem eingeweihten Kreise bekannt. Durch die von der DFG geförderte Digitalisierung und katalogmäßige Erschließung der Porträtsammlung in den Jahren 2003 bis 2005 ist ein Anfang gemacht für die neuen Nutzungsmöglichkeiten der Sammlungen. Anfragen zu den Porträts kommen regelmäßig und aus aller Welt.

Richard-Strauss-Raum
im Manskopfschen Musikhistorischen Museum, um 1920

Berlin-Westend, den 28. Februar 1915.
Kaiserdamm 39.

Herrn

    Nicolas M a n s k o p f

                  z. Zt. L e i p z ig

Lieber Freund,

      ich bin nur noch bis spätestens
14. März hier in meiner Berliner Wohnung. Meine
Frau reist am 15. März bereits nach Garmisch.
Wenn Sie also bei mir auf dem Speicher herum-
spionieren wollen, müssen Sie es recht bald tun,
denn wenn meine Frau schon im Stöbern ist, lässt
sie Sie nicht mehr herein.

      Also sputen Sie sich und seien
Sie recht herzlich gegrüsst von

          Jhrem aufrichtig ergebenen

Brief von Richard Strauss an Friedrich Nicolas Manskopf,
Berlin 28. Februar 1915

84

Als Manskopf mit seinem Museum die Räumlichkeiten am Untermainkai 27 bezog, richtete er jeweils einen eigenen Raum für Richard Strauss und Richard Wagner ein. Im Jahr 1914 begann er gezielt mit dem Aufbau einer umfangreichen Strauss-Sammlung. Strauss gestattete ihm, auf dem Dachboden seines Hauses in Berlin „herumzuspionieren", um Brauchbares für sein Museum zu finden.

Hervorragende Bereiche dieser Strauss-Sammlung waren die Fotosammlung (rund 100 Porträtfotos und rund 550 Szenen- und Rollenfotos zu seinen Werken) sowie rund 70 Karikaturen. Außerdem befanden sich 26 autographe Briefe und drei Musikautographe im Manskopfschen Musikhistorischen Museum.[1]

Der Plan, ein eigenes Richard-Strauss-Museum zu errichten, musste wegen Ausbruch des Ersten Weltkrieges zurückgestellt werden. Auch zeigte sich die Stadt Frankfurt wenig interessiert am Aufbau eines solchen Museums.

Strauss besichtigte 1924 die bereits „Tausende von Nummern" enthaltende Sammlung im Manskopfschen Museum und äußert sich anerkennend. In einer Pressenotiz vom Mai 1926 versuchte Manskopf nochmals, das allgemeine Interesse an einem Strauss-Museum zu wecken, leider vergeblich.

Im Folgenden sollen die einzelnen Bestandsgruppen der Strauss-Sammlung vorgestellt werden.

---

[1] Weiteres Material ist im Opernarchiv und in einzelnen Nachlässen vorhanden, u. a. mehr als 75 Programmhefte sowie sieben Bühnenbild- und Kostümentwürfe von Ludwig Sievert 1926, 1927, Helmut Jürgens 1939, Dominik Hartmann 1953.

Richard Strauss-Museum
Frankfurt a.M.

Richard Strauss und Frankfurt a.M.

    Wenigen deutschen Meistern der Tonkunst dürften zu Lebzei-
ten solche Ehrungen wie Richard Strauss, Ehrenbürger der Städte
Wien, München, Weimar und Salzburg, zu Teil geworden sein.
    Wien schenkte ihm eine Villa, Dresden taufte den Residenz-
platz in Richard Strauss-Platz um. Ebenso hat die Stadt Braun-
schweig ihre Richard Strauss-Strasse.
    Auch die Frankfurter Museums - Gesellschaft E.V. nahm
frühzeitig das grösste Interesse am Richard Strauss'schen musikalischem Aufstiege, und ihr augenblicklicher künstlerischer
Leiter, Professor Clemens Krauss und sein ihm unterstehendes
Orchester bringen Strauss'sche Orchesterwerke zu ungemein
mustergültiger Aufführung.
    Anlässlich seines 50jährigen Geburtstages im Jahre 1914
wurde in Frankfurt a.M. von privater Hand der Grundstock zu
einem " Richard Strauss-Museum" gelegt, und die gesamte deutsche
und ausländische Presse bekundete hierfür grosses Interesse,
konnte es doch ein Richard Wagner erleben, dass ihm noch zu seinen Lebzeiten ein Museum errichtet wurde.
    Richard Strauss nahm auch schon Gelegenheit, das noch nicht
dem allgemeinen Publikum zugänglich gemachte, aber bereits Tausende von Nummern enthaltende " Richard - Strauss - Museum "
anlässlich seines Aufenthaltes in Frankfurt a.M. im November
1924 in Augenschein zu nehmen und hielt nicht damit zurück,
seine Anerkennung und Freude lebhaft zum Ausdruck zu bringen.
Ebenso versprach er dem Museum Unterstützung in jeder Weise.
Sehr war der Komponist des Rosenkavaliers darüber erfreut, dass
in dem Museum auch aller seiner Mitarbeiter und derer, die zu
seinem Ruhme beigetragen haben, in gebührender und pietätvoller
Weise gedacht worden ist.
    Frankfurt a.M. kann wohl stolz auf diese Gründung sein,
umsomehr, als es an ähnlichen Ehrungen, wie in den vorerwähn-
ten Städten, eigentlich fehlt.
    Es ist nur lebhaft zu bedauern, dass maassgebende städti-
sche Behörden nicht in grösserer Maasse bemüht sind, für dieses
unserem grössten lebenden deutschen Meister der Tonkunst gewid-
mete, kulturelle Kunstinstitut, für das viele In- und Ausländer
durch Ueberlassung von bezüglichen Dokumenten ihr Interesse und
somit auch für die Stadt Frankfurt a.M. bekundeten, entsprechen-
de Räume in Frankfurt a.M., wenn vielleicht auch unter Bringung
einiger nicht zu umgehender, geringer Opfer, zu verschaffen,
ehe die Museumsgegenstände eingepackt und die Verlegung des
Museums in eine andere Stadt in Erwägung gezogen werden muss.

               Nicolas Manskopf

Begründer und Besitzer des Fr.Nicolas Manskopf'schen musikhis-
        torischen Museums in Frankfurt a.M.

                  Frankfurt a.M., Mai 1926.
  Sehr geehrte Redaktion !

    Für freundliche Aufnahme vorstehender, die Musik- und
Theaterwelt interessierende Notiz wäre ich Ihnen zu grossem
Danke verpflichtet.
    Stets gerne zu Ihren Diensten, zeichne

                  hochachtungsvoll

              Nicolas Manskopf.

Pressemitteilung zu dem von Manskopf geplanten Strauss-Museum

86

Musikhandschriften

Mit sieben Titeln ist die Sammlung der Notenhandschriften Strauss'scher Werke recht übersichtlich. Eigenhändig geschrieben sind die beiden Lieder *Mohnblumen* (Mus Hs 1075, nur Gesangstimme) und *Wenn...* (Mus Hs 1077). *Mohnblumen* op. 22,2 (Text: Felix Dahn) wurde von Strauss am 16. Januar 1889 in das Gästebuch der Familie Fleisch in Frankfurt notiert mit Widmung: „Der ausgezeichneten Sängerin Frau Marie Fleisch-Prell zur freundlichen und in dankbarer Erinnerung." Auf der Rückseite befinden sich weitere Eintragungen von Gästen aus den Monaten März und April 1889. Das stürmische Liebeslied *Wenn...* op. 31,2 für Sopran und Klavierbegleitung (Text: Carl Busse) ist in der Sammlung vollständig überliefert; es wurde 1896 veröffentlicht. Beide Werke gehörten bald zum festen Repertoire von Strauss' Ehefrau Pauline.

Ebenfalls autograph ist eine Seite aus der Oper *Guntram* op. 25 (Mus Hs 1076) im Querformat, mit Namen signiert (Singstimme mit Klavierbegleitung, Text: „Ein glückliches Los", 1. Akt, 2. Szene).

Schließlich befindet sich noch der Korrekturabzug der sinfonischen Dichtung *Till Eulenspiegels lustige Streiche* (op. 28, 60 Bl., Mus Hs. 1078) für die Ausgabe im Verlag Aibl, München 1895 mit eigenhändigen Ergänzungen in der Sammlung, wie z. B. „nicht eilen" auf S. 13 oder „liebeglühend" auf S. 22, Takt 1 jeweils über den Violinstimmen.

Richard Strauss: *Wenn ...* aus: Vier Lieder, op. 31

Nachkriegserwerbungen sind:
Vier Takte aus op. 16 als Eintrag in dem Poesie-/Stammbuch-Album Hugo Becker (Mus. Hs. 1621), sowie ein Klavierauszug von *Feuersnot* op. 50 mit eigenhändigen Korrekturen, die Einstudierung am Frankfurter Opernhaus betreffend (Mus Hs 2542).

Briefe

26 Briefe stammen aus der Sammlung Manskopf, dazu ungefähr gleich viele aus dem Nachlass E. Humperdinck. Es lassen
sich mehrere thematische Schwerpunkte feststellen.
Die Briefe aus den Jahren 1884 bis 1888 betreffen Aufführungen seiner Werke (Waldhornkonzert op. 11, Violinsonate
op. 18 u. a.) im Rahmen der Frankfurter Museumskonzerte.
Eher privater Natur sind die Briefe an Max Fleisch, den Leiter
des Konservatoriums: 1896 ein Bericht aus Florenz, im April
1897 zur Geburt seines Sohnes, September 1897 zu den neu-
en Liedern und zu der halbfertigen Tondichtung *Don Qui-
chote.*
Die Briefe an den Pianisten und Komponisten Hans von
Bronsart betreffen meist aufführungspraktische bzw. organi-
satorische Dinge; im Brief vom 1.7.1870 geht es um Sänger
in Bayreuth, im Brief vom 12.10.1897 aus München um
Amsterdam als Ort für die nächste Tonkünstlerversammlung.
Der Vollständigkeit halber sollen hier auch die 28 Briefe an
Engelbert Humperdinck erwähnt werden (Nachlass E. Humperdinck): 1890 geht es um die Aufführungen verschiedener
Werke, u. a. Humperdincks *Wallfahrt nach Kevelaar* in
Eisenach, 1892/93 finden wir drei Briefe von der vor allem
aus gesundheitlichen Gründen gemachten Reise nach Ägypten (aus Brindisi, Athen und Alexandria), die fünf Briefe aus
den Jahren 1893-1894 betreffen die Vorbereitung und Aufführung der Oper *Hansel und Gretel* unter musikalischer
Leitung von Strauss in Weimar. Mit organisatorischen Themen befassen sich die Briefe von 1900-1906 aus Berlin und
dem bayerischen Marquartstein. Darunter befinden sich eine
Danksagung für erhaltene Briefe, die Einladung zu einer Sit-
zung sowie die Absprache eines Konzertprogramms.[2]

---

[2] Vollständige Liste und Beschreibung in: Festschrift Helmuth Osthoff
zum 65. Geburtstag, hrsg. von Lothar Hoffmann-Erbrecht. Tutzing,
1961, S. 163-179.

Postkarte an Max Fleisch, Florenz 13. Oktober 1896

Florenz, Villa Colombaia, 13. Oktober 1896
Lieber Freund!
Herzlichen Dank für Ihre freundlichen Glückwünsche: daß
Ihnen meine Lieder so gefallen, freut mich sehr! Kennen Sie
op. 32 schon? Es hat mir so leid getan, Sie in München ver-
fehlt zu haben. Ihr Hotel wußte ich nicht – voriges Jahr in
Frankfurt hatte ich durch meine Erkältung u. meine „nob-
lichten" Bekanntschaften nichts von Ihnen. Das wird hoffent-
lich ...[3] November anders sein; ich wohne dann nur bei Dr.
Sieger. Bin dann gar nicht mehr hochmütig! Ahh!!
Jetzt schwelge ich in herrlichstem Nichtstun; auf einer Villa
hoch über Florenz mit wunderbarer Aussicht u. balkanisch
warmer Luft! Gura[4] singt auch in Frankfurt meine Lieder!
Jetzt muss ich in den Palazzo Pitti! Dann auf vergnügtes
Wiedersehen am 25. Nov.
Herzliche Grüße von Haus zu Haus!   Ihr   Rich. Strauss

[3] Unleserlich
[4] Vermutlich Eugen Gura (1842-1906)

90

Fotografien

Beinahe jedes Lebensalter (bis auf die letzten Jahre) ist in der Porträtfotosammlung dokumentiert: ein Kinderfoto mit dem sechsjährigen Richard im Wagner-Kostüm bei einer Faschingsveranstaltung bildet den Anfang. Zivilporträts und Fotos als Dirigent sowie Gruppenfotos mit Kollegen decken den Beginn der Karriere als Komponist und Dirigent ab. Auch Familienbilder mit Frau und/oder Sohn sind in der Sammlung zu finden. Weitere Privatfotos spiegeln einige Freizeitaktivitäten wider: Wandern in den Bergen oder Autofahren. (Vgl. dazu den Bildanhang.)

Andere Bilder zeigen ihn mit Künstlerpersönlichkeiten aus dem Musik- und Theaterbereich: den Sängerinnen Maria Jeritza (*Ägyptische Helena* Wien), Elisabeth Rethberg (*Ägyptische Helena* Dresden), Viorica Ursuleac (in *Friedenstag* 1938), den Dirigenten Ernst von Schuch, Fritz Cortolezio, Clemens Krauss, Thomas Beecham und dem Komponisten Max von Schillings.

Daneben gibt es inszenierungsbezogene Gruppenfotos, Rollenfotos von Darstellern seiner Werke und eine große Anzahl Fotopostkarten zu Inszenierungen seiner Werke.

Hervorragend unter den Fotografen und Foto-Ateliers sind das Atelier Hertel in Weimar (Fotos zwischen 1890 und 1896), Herbert Lessmann in München und Ursula Richter in Dresden (1919 bis 1925).

Auch nach dem Tode Mauskopfs wurden noch Fotodokumente erworben, z. B. zu *Arabella*, *Friedenstag* und *Daphne*.

Die folgende Übersicht ordnet die 547 Szenenfotos einzelnen Werken zu:

Titel	UA	Fotos in Slg. Manskopf
Guntram op. 25	10.05.1894 Weimar	8
Feuersnot op. 50	21.11.1901 Dresden	5
Salome op. 54	09.12.1905 Dresden	111
Elektra op. 58	25.01.1909 Dresden	76
Der Rosenkavalier op. 59, sowie aus dem Film Der Rosenkavalier	26.01.1911 Dresden 1926	180
Ariadne auf Naxos op. 60	25.10.1912 Stuttgart 04.10.1916 Wien[5]	73
Josephslegende op. 63	14.05.1914 Paris	16
Die Frau ohne Schatten op. 65	10.10.1919 Wien	52
Intermezzo op. 72	04.11.1924 Dresden	17
Die Ägyptische Helena op. 75	06.06.1928 Dresden	7
Arabella op. 79	01.07.1933 Dresden	4
Friedenstag op. 81	24.07.1938 München	2
Daphne op.82	15.10.1938 Dresden	3

[5] Neufassung mit Vorspiel

Strauss mit Sohn Franz und Schwiegertochter Alice
bei der Eröffnung des Deutschen Museums in München 1925

Karikaturen

Die Sammlung F. N. Manskopf enthält rund 1.000 Karikaturen in unterschiedlichsten Formaten: von kleinen Zeitungsausschnitten (Format ca. 5 x 5 cm) bis zu großformatigen ganzseitigen Abbildungen (ca. 30 x 45 cm) aus Karikaturzeitschriften wie *La Lune*, *Le Rire* oder *Kladderadatsch*. Hector Berlioz, Franz Liszt, Nicolò Paganini, Richard Strauss und Richard Wagner sind die beliebtesten dargestellten Persönlichkeiten.

Allein 70 Karikaturen beziehen sich auf Richard Strauss.

Die Zeichner kommen aus unterschiedlichsten Stilrichtungen. An der Grenze zu naturnaher Abbildung und Karikatur stehen die Silhouetten von Willi Bithorn (Motive: Strauss als Dirigent, Strauss und Hofmannsthal, Strauss dirigiert Salome, die Jochanaans Kopf auf einem Tablett darbietet, umrahmt von Totenköpfen). Weitere Karikaturen stammen von Enrico Caruso (!), Max Cowper, Hans Dursthoff [Verlag], Michel Fingesten, Oskar Garvens, Fritz Gehrke, Eduard Grützner, Olaf Gulbransson, Ludwig Hohlwein, A. Johnson, Carl Josef, Stephan Krotowski, Hans Lindloff, Gustav Mandt [Verlag], E. K. Nitze, Arpad Schmidhammer, Carl Schnebel, Seymour, Jacques Ernst Sonderegger, Ernst Stern, Ludwig Stutz, John Jack Vrieslander, Albert Weisgerber, Otto Wiedemann und Heinrich Zille.

Auch der berühmte Buchillustrator Walter Trier (1890–1951), der die Abbildungen in Erich Kästners „Pünktchen und Anton" und „Der 35. Mai" gestaltete, widmete Strauss mehrmals sein zeichnerisches Talent.

Vier häufig vorkommende Karikaturmotive unterscheidet Roswitha Schlötterer-Traimler in ihrem Aufsatz *Richard Strauss in der zeitgenössischen Karikatur* [1], nämlich Das Riesenorchester, Wortspiele, Identifizierung mit seinen Opern-

---

[1] Roswitha Schlötterer-Traimler: Richard Strauss in der zeitgenössischen Karikatur, in: Akademie aktuell: Zeitschrift der Bayerischen Akademie der Wissenschaften, Ausgabe 2, 2011, S. 24-27.

gestalten und Strauss als Privatmann und Dirigent. Anhand der Frankfurter Sammlung kann noch als fünfte Kategorie „Strauss und sein Werk mit Motiven aus Literatur und Kunst" hinzugefügt werden.

Das Riesenorchester, Arpad Schmidhammer, *Die Jugend* 1906, Nr. 1

Das Riesenorchester

Richard Strauss war ein Meister der Orchestrierung, geschult an musikalischen und theoretischen Werken u. a. von Hector Berlioz, Richard Wagner sowie Engelbert Humperdinck. In seinen Tondichtungen und Opern erweitert er den Orchesterapparat auf einen weit über das Übliche hinausgehenden Umfang an Zahl und Art der Instrumente. In den Karikaturen wird die Masse der Instrumente vorgeführt, nicht selten überzeichnet durch die Hinzufügung von Phantasieinstrumenten oder Tierdarstellungen (wie trompetende Elefanten, brüllende Löwen oder quiekende Schweine in Strauss' neuem „Riesenorchester" bei Arpad Schmidhammer in „Die Jugend" 1906, Nr. 1).

Derartige Karikaturen gibt es zu den Opern *Salome*, *Elektra* und allgemein zu sinfonischen Dichtungen. Ein Beispiel zu *Elektra* soll hier gezeigt werden.

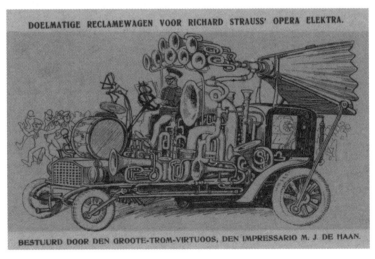

Doelmatige Reclamewagen 1909, Zeichner und Quelle unbekannt

Diese Karikatur aus einer unbekannten niederländischen Quelle nimmt auf die riesige Orchesterbesetzung für die Oper *Elektra* Bezug. Die Bläserbesetzung ist bei *Elektra* gegenüber der üblichen Orchesterbesetzung erheblich verstärkt mit u. a. 3 Flöten (auch Piccolo), 3 Oboen (auch Englisch Horn), Heckelphon, 5 Klarinetten, 2 Bassetthörner, Bassklarinette, 3 Fagotte, Kontrafagott, 4 Hörner, 4 Tuben, 6 Trompeten, Basstrompete, 3 Posaunen, Kontrabassposaune, Kontrabasstuba, 6–8 Pauken, Schlagzeug, mit Glockenspiel, Triangel, Becken, Tamtam, Tamburin, kleiner Trommel, großer Trommel, 2 Kastagnetten, Rute; 2 Harfen, Celesta, Streicher. Der Fahrer, der in Den Haag tätige Intendant J. de Haan, trägt eine Uniform. Im Publikum sieht man Arbeiter und Bauern (erkennbar an Kappen und Halstüchern) und wohlhabendere Bürger (dargestellt mit Hüten und Zigarren).

Wortspiele

Der Name Strauss bot durch seine Klanggleichheit mit dem Vogel Strauß für zahlreiche Karikaturen einen Ausgangspunkt: Richard Strauss wurde dargestellt als Vogel Strauß, der Eier legt (beschriftet mit den Titeln seiner Werken bei L. Hohlwein in *Jugend* 1910, Nr. 23), der sich zusammen mit Johann Strauß und Oscar Straus ein Rennen liefert usw.
Andere Beispiele sind Wort-Neuschöpfungen wie „Neurosenkavalier" (Zeichnung von Carl Josef) oder Kombinationen mit *Elektra* wie „Epilektra" von Elsa Roth in *Lustige Blätter* 1910 Nr. 13.

RICHARD STRAUSS

Richard Strauss als Vogel Strauß, Zeichner Öyv. H (Postkarte)

Identifizierung mit seinen Operngestalten und Gestalten aus sinfonischen Dichtungen

Nicht selten stellten die Zeichner Strauss auch als Figur in seinen eigenen Opern dar: mal trägt Salome ein Tablett mit seinem Kopf (O. Garvens), mal wird er als Rosenkavalier dargestellt (R. Herrmann 1911). Es kann auch eine Szene gezeigt werden, die einer seiner Opern nachempfunden ist, mit ihm und anderen Beteiligten als Mitwirkenden (Beispiel: Zirkus Naxos von W. Trier).

Zirkus Naxos, Zeichner: Walter Trier

In dieser Karikatur von Walter Trier sind neben Ariadne die wichtigsten Beteiligten an der Uraufführung der Oper zu sehen.

Das Ambiente des Buffo-Teils der Oper wird verschärft und in einen Zirkus verlegt, in dem die Hauptfigur der Oper als Stehreiterin auf einem Panther dargestellt wird. Dieser springt unter der Peitsche des Dompteurs Max Reinhardt durch den vom Librettisten Hofmannsthal gehaltenen Ring, musikalisch laut begleitet (Trompete, Becken, große Trommel) durch „Clown" Richard Strauss. So bleibt jeder in seinem Metier: Der Musiker Strauss bedient die lauten Instrumente, Librettist Hofmannsthal wird als Assistent dargestellt, der den Reifen für den springenden Panther hält. Regisseur Reinhardt erscheint als Dompteur mit Peitsche. Und im Mittelpunkt steht in entspannter Haltung auf dem Panther Ariadne. Sie erscheint als hübsche junge Dame, während die drei Männer sowie der Panther karikiert dargestellt sind.

Berühmt geworden ist die Abbildung John Jack Vrieslanders *Des Helden Widersacher*, die zuerst in der Zeitschrift *Die Musik* [Nr. IV, H. 8 1904/05] veröffentlicht wurde. Sie erschien, wohl in Zusammenhang mit der Aufführung des *Heldenleben* am 10. November 1902 in Berlin unter Arthur Nikisch, ursprünglich in der Berliner Musik- und Theaterzeitung von 1902."[2]
Richard Strauss erscheint in diesem Bild als Held mit hässlich dargestellten Widersachern (gemeint sind Neider und Kritiker).

---

[2] Richard Strauss: sein Leben und Werk im Spiegel der zeitgenössischen Karikatur, ausgew. u. komm. von Roswitha Schlötterer-Traimer. Mainz [u.a.] 2009, S. 30.

IV. 8

„DES HELDEN WIDERSACHER" (HELDENLEBEN)
KARIKATUR VON JOHN JACK VRIESLANDER

101

Der Rosenkavalier mit seinen beiden Liebsten, Ernst Stern
Lustige Blätter 25.1911, H. 41

Diese Karikatur entstand, als Strauss' mit dem Angebot der
Uraufführung seines *Rosenkavalier* verbundene Forderung
bekannt wurde, seine früheren Werke weiter im Repertoire
zu behalten, damit sich das Publikum an die neuartigen
Klänge gewöhnen könne.[3]

---

[3] A. a. O., S. 148.

Strauss als Privatmann und Dirigent

Karikaturen, die sich auf die Person Richard Strauss beziehen, überzeichnen die physiognomischen Merkmale.

RICHARD STRAUSS
Von Hans Lindloff

Bekannt ist z. B. die Zeichnung von Hans Lindloff aus dem Faschingsheft der *Musik* von 1912 „Der Kopf besteht eigentlich nur aus einer Riesenstirn und einem kleinen Haarkranz. An einer früheren Karikatur von Ernst Stern können wir sogar mitverfolgen, wie sie im Kopf des Zeichners zu Stande kam: „Erst 'ne Birne dann 'ne Stirne, Haare kraus – Richard Strauss."[4]

Zeichnerscherze.

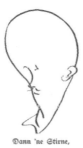

Erst 'ne Birne,   Dann 'ne Stirne,   Haare kraus — Richard Strauß.

[4] Roswitha Schlötterer-Traimler: Richard Strauss in der zeitgenössischen Karikatur, in: Akademie aktuell: Ausgabe 02, 2011, S. 27. Abbildung aus *Richard Strauss : sein Leben und Werk im Spiegel der zeitgenössischen Karikatur*, S. 57.

Manchmal wird auf Strauss' ökonomische Interessen Bezug genommen (A. W. T.: Suggestion for Richard Strauss laurel wreath). Der Lorbeerkranz besteht aus lauter Pfund- und Dollarscheinen.

Die Darstellungen von Strauss als Dirigent sind weniger überzeichnet und deuten oft seine sparsame, auf minimale Gesten reduzierte Dirigierweise an.

Auf eine besondere Leidenschaft des Privatmannes Strauss nimmt Olaf Gulbransson Bezug, der ihm die Worte in den Mund legt: „Als Musiker hab' ich mich ja durchgesetzt, aber warum verschweigt man dauernd meine Leistungen als Skatspieler?" [5]

[5] Roswitha Schlötterer-Traimler: Richard Strauss in der zeitgenössischen Karikatur, S. 27.

Strauss und sein Werk mit Motiven aus Literatur und Kunst

Häufig wird in den Karikaturen Bezug auf die Literatur und die Kunst genommen. Den Witz erhalten sie durch die Kontrastierung der seriösen Vorlage mit dem ins Komische gezogenen Schaffensprozess der Strauss'schen Werke.
So werden z.B. biblische Motive zitiert: „Dreh dich nicht um, Frau Lot" (W. Trier), auf Märchen Bezug genommen „Elektra oder die neuen Bremer Stadtmusikanten" (L. Stutz in *Kladderadatsch* 1909, Nr. 6) oder auf literarische Gestalten rekurriert: Strauss als Don Quijote (in *Lustige Blätter* 1912, Nr. 38). Die griechische Mythologie und ein darauf Bezug nehmendes Werk der bildenden Kunst wird zur Illustration der Oper *Ariadne auf Naxos* von einem namentlich nicht bekannten Zeichner/Dichter als Vorlage (*Kleine Presse* 1913).
Im Folgenden sollen nun einige Beispiele vorgestellt werden. Die Zusammenarbeit zwischen Hofmannsthal und Strauss spielt in ihnen eine tragende Rolle.

Lot: Dreh dich nicht um, Frau – sonst wirst du auch noch vertont!
Walter Trier

Die Karikatur spielt auf die Fülle der Werke an, die durch das Künstler-Duo entstanden sind, und auch auf die Geschwindigkeit des Erscheinens. Die Bezugspunkte sind auf der einen Seite die Menge der Opern mit Frauen als Hauptfiguren (im Grunde genommen alle seiner Opern außer *Guntram*, *Feuersnot* und *Friedenstag*) und ein biblisches Motiv, die Anspielung auf „Sodom und Gomorrha", wohl mit Hintergedanken an moralisch Anstößiges in *Salome* und *Elektra*, evtl. auch dem *Rosenkavalier*.

Elektra oder die neuen Bremer Stadtmusikanten
Ludwig Stutz, in: *Kladderadatsch* 1909, Nr. 6

Im Märchen *Die Bremer Stadtmusikanten* geht um die Suche nach einem neuen Wirkungsbereich für vier Tiere, die ihre reguläre Aufgabe aus verschiedenen Gründen nicht mehr tun können. Dort bilden in der zitierten Szene die großen Tiere Esel und Hund beim Blick in das erleuchtete Haus im Wald das Fundament. Der Hahn steht obenauf. In der Karikatur bilden die Librettisten das Fundament, Sophokles als Urheber des Dramas Elektra und Hofmannsthal als Schöpfer des Opernlibrettos. Sie stehen gebeugt, während Strauss – dargestellt als Vogel Strauß mit zum Schreien geöffneten Schnabel – sich auf sie stellen kann und so durch das Fenster in das Dresdener Hoftheater schauen und rufen kann. Am 25. Januar 1909 fand dort die Uraufführung der *Elektra* unter Leitung von Ernst von Schuch statt.[1]

Bei der nächsten Karikatur handelt es sich um eine Frankofurtensie, die zur Erstaufführung der Oper in Frankfurt (14.01.1913) in der *Kleinen Presse* erschien[2]. Sie nimmt Bezug auf eine in Frankfurt befindliche Skulptur „Ariadne auf dem Panther" des Bildhauers Johann Heinrich Dannecker. Der Sage nach wurde Ariadne auf der Insel Naxos von einem Panther zu Bacchus getragen.

Hier wird der Panther durch einen den Komponisten karikierenden Vogel Strauss ersetzt. Der Begleittext hebt hervor, dass sie es auf dem Rücken von Richard Strauss zu größerer Berühmtheit bringen wird (unter Verzicht auf das ebenso publikumswirksame Medium des Sensationsfilms).

Die *Ariadne auf dem Panther* von Dannecker wurde bis zum 2. Weltkrieg in einem Privatmuseum der Familie Bethmann gezeigt. Sie ist jetzt im Besitz der Stadt Frankfurt (Skulpturenmuseum Liebighaus).

---

[1] Schlötterer-Traimer, S. 88.
[2] *Kleine Presse*, Samstag 18.01.1913, Zweites Blatt, Nr. 15, S. 9.

Ariadne auf Strauß

Das Gedicht dazu lautet:

Ariadne, die zählt seit geraumen Zeiten,
Zu den Frankfurter Sehenswürdigkeiten:
Im Bethmannmuseum von Danneckers Hand
Ward sie auf einen Panther gebannt.
Doch wünschte die ruhmbegierige Dame,
Sich längst schon eine laut're Reklame.
Wohl strebte die edle Tochter des Minos
Nicht nach dem Sensationsfilm des Kinos.
Doch Bühnenerfolge erweckten den Neid ihr,
Zu klein und zu langsam erschien ihr das Reittier,
Sie winkte – und hopp! Kann der große Strauß
Und trug im Carrière sie – ins Opernhaus.

Strauß und Hoffmannsthal:
„Können wir nun den „Rosenkavalier" noch übertrumpfen?" — „„Gewiß; in unserer nächsten Oper bringen wir zwei Betten auf die Bühne.""

Zeichnung: Walter Trier, in: *Lustige Blätter* Nr. 1, 1912

Die Zeichnung spielt auf die mit jeder Gemeinschaftsproduktion wachsende Popularität des Künstlerduos an. Dadurch entstand ein gewisser Schaffensdruck: es soll schnell ein neues Werk geben, das die bisherigen noch übertrumpft.
Im Hintergrund sieht man Bilder von Salome, Elektra und Rosenkavalier auf einem Plakat im Querformat.

Plakate, Tageszettel

Die Manskopfsche Sammlung umfasst neben Bildmaterial auch inszenierungsbezogene Ankündigungstexte wie Plakate und Tageszettel. Rund 80 Plakate zu Aufführungen Strauss' scher Werke (Konzerte, Opern- und Ballettaufführungen, Strauss-Festspiele) sowie Besetzungszettel zu besonderen Aufführungen befinden sich in der Sammlung.
Hier sollen nur einige Beispiele aufgeführt werden:

Konzerte:
Eine Alpensinfonie in Berlin UA 1915, Frankfurt am Main o. J., Paris o. J.; *Don Juan* mit Wiener Philharmonikern beim Sommer der Musik, Frankfurt am Main 1927; *Tod und Verklärung* sowie UA *Taillefer* – Heidelberg 1903

Opern:
Die Ägyptische Helena Berlin 1935, *Ariadne auf Naxos* in Breslau 1912, in Prag 1913, in Wien 1919, in Frankfurt am Main 1927, in London o.J., *Daphne* UA Dresden 1938, *Elektra* in Brüssel 1910, in Frankfurt 1927 (beim Sommer der Musik in Frankfurt), *Friedenstag* in Dresden, *Guntram* in Weimar 1894, *Intermezzo* in Barcelona 1925, *Rosenkavalier* in Monte Carlo 1926, in Paris 1927.

Film:
Rosenkavalier-Film in Berlin, Dresden

Ballette:
Josephslegende in London 1914, Paris (Ballets russes) 1914, Mainz 1922, Frankfurt am Main 1923, *Schlagobers* in Breslau 1924.

Strauss-Festspiele:
München 1910, Stuttgart 1912, Leipzig 1826, Frankfurt am Main 1927.

110

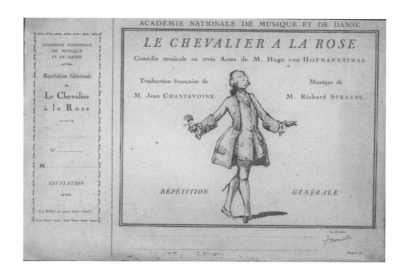

Abbildung: Tageszettel Generalprobe zum *Rosenkavalier* in Paris

Libretti

Es sind 13 Operntextbücher in der Sammlung überliefert, fast alle Erstdrucke. Von *Ariadne auf Naxos* sind z. B. drei Exemplare erhalten, eines zur Uraufführung 1912, eines mit der englischen Fassung 1913 sowie eines der Neufassung 1916. Vertreten in diesem Teil der Sammlung sind außerdem das Singgedicht *Feuersnot*, sowie die Opern *Salome*, *Elektra* (Titelblatt von Lovis Corinth gestaltet), *Rosenkavalier*, *Die Frau ohne Schatten* (1919), *Daphne* und *Friedenstag* (1938). Abgerundet wird die kleine Sammlung durch das Libretto zum Ballett *Die Josephslegende* (1914).

Libretto zu Feuersnot (Berlin 1901)

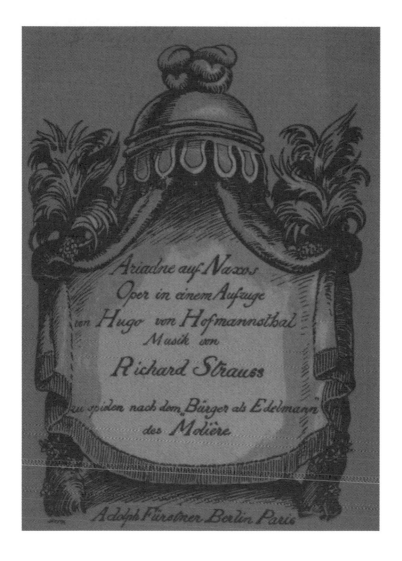

Libretto zu Ariadne auf Naxos, 1. Fassung (Berlin 1913)

Erschließung der Dokumente

Die Verzeichnung und Erschließung der Strauss-Dokumente ist nach Bestandsgruppen unterschiedlich:
Briefautographen von Richard Strauss sind in einem Zettelkatalog der Briefautographen sowie in der Datenbank Kalliope verzeichnet. Für die Musikhandschriften von Richard Strauss ist der Zettelkatalog in der Abteilung Musik, Theater, Film relevant, außerdem das Richard-Strauss-Quellen-Verzeichnis.

Die Fotographien aus der Sammlung Manskopf wurden 2003 in einem von der Deutschen Forschungsgemeinschaft finanzierten Projekt komplett digitalisiert und im Katalog der Bibliothek erschlossen. Sie sind jetzt in die Digitalen Sammlungen der Bibliothek überführt worden und weiterhin zu finden auf dem Publikationsserver der Universitätsbibliothek:

http://edocs.ub.uni-frankfurt.de/manskopf/apersonen.htm

Dort gibt es Listen der abgebildeten Personen, der beteiligten Personen (Lithographen, Fotographen, Maler, Zeichner) sowie der Erscheinungsorte. Die Strauss-Karikaturen wurden komplett digitalisiert, dürfen jedoch aus urheberrechtlichen Gründen noch nicht auf den Webseiten der Bibliothek veröffentlicht werden.

Die Plakate sind durch einen Zettelkatalog erfasst.

Für die Libretti wird demnächst ein Digitalisierungsantrag bei der DFG gestellt werden. Erwogen wird die Mitwirkung an dem Libretto-Portal der Bayerischen Staatsbibliothek.

Die Strauss-Sammlung des Manskopfschen Musikhistorischen Museums ist vom Umfang her sehr bedeutend. Sie ist eine der größten Strauss-Sammlungen neben der des Richard-Strauss-Museums in Garmisch-Partenkirchen und den Strauss-Nachlässen bei der Richard-Strauss-Gesellschaft und in der Bayerischen Staatsbibliothek (München)[3]. Sie glänzt vor allem durch das Bildmaterial. Es fehlen ihr jedoch genuin musikalische Spitzenstücke. Außerdem ist nach dem Tode Manskopfs im Juli 1928 nicht mehr mit derselben Intensität gesammelt worden wie zu seinen Lebzeiten.

Seit Umwandlung des Museums in einen Bestand der Bibliothek werden Strauss-Dokumente jedoch weiter erworben wie z. B. für die Programmheftsammlung deutschsprachiger Bühnen, die Tonträgersammlung und den regulären Buch- und Notenbestand.

In der Fülle der Materialien des ehemaligen Manskopfschen Museums drohte die Strauss-Sammlung in Vergessenheit zu geraten. Dieser Beitrag dient mit der Betrachtung der einzelnen Bestandsgruppen dazu, sie hervorzuheben und zu würdigen.

[3] Richard Strauss-Quellenverzeichnis: 12738 Datensätze,
Nachlass Richard Strauss bei der Richard-Strauss-Gesellschaft München: 3000 Objekte,
Nachlass Richard Strauss in der Musikabteilung der Bayerischen Staatsbibliothek: neun flache Schachteln, Musikautographen, Informationen aus der Datenbank Kalliope, gesichtet 23.12.2014.

Bildanhang

**RICHARD STRAUSS' ERSTES ÖFFENTLICHES AUF-
TRETEN AUF DEN GROSSEN KINDERMASKEN-
FESTEN IM MÜNCHENER ODEON 1870 UND 1871
IN DEN WAGNER-GRUPPEN:**
Friedensboten aus Rienzi und Minnesänger aus Tannhäuser

PHOTOGRAPHIEN VON FR. HANFSTAENGL, MÜNCHEN

Eine der ersten Fotografien von Richard Strauss,
er sitzt in der Mitte der hinteren Reihe
(mit einem Kreuz markiert).

Richard Strauss um 1894

Richard und Pauline Strauss mit ihrem Sohn Franz
Foto: Zander und Labisch

Porträt von Richard Strauss auf einer Postkarte

Strauss in Freizeitkleidung in Garmisch, 1912
Foto: Carl Stasny

Richard Strauss und Maximilian Fleisch, Frankfurt 1898
Maximilian Fleisch (1847-1913) war Professor
und Direktor des Raffschen Konservatoriums

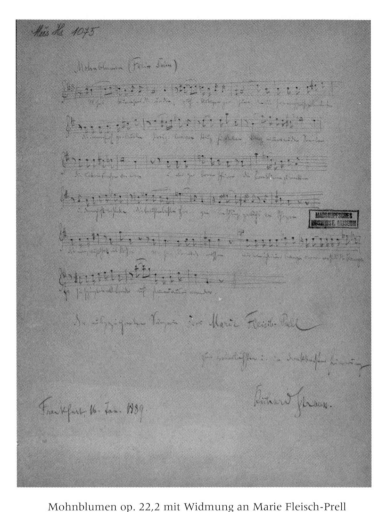

Mohnblumen op. 22,2 mit Widmung an Marie Fleisch-Prell
Frankfurt, 16. Januar 1889
Marie Prell war ab 1876 am Frankfurter Stadttheater (seit 1880
Opernhaus) als Sängerin beschäftigt. In Gettkes Bühnenalmanach
erscheint sie ab 1886 als Frau Fleisch-Prell.

Richard Strauss mit den Sängerinnen Lola Artôt de Padilla als Octavian
und Frieda Hempel als Marschallin
bei der Berliner Erstaufführung des *Rosenkavalier* 1911
Foto: Rembrandt

Richard Strauss mit dem Kapellmeister Hugo Röhr
und der Sopranistin Lisbeth Korst-Ulbrig (um 1910)

Strauss mit Elisabeth Rethberg (um 1928)

Dr. Richard Strauß
am 26.8.1927 aufgenommen v. H. Pieperhoff
Frankfurt/M Zeiss 123

Richard Strauss, Hüftbild, Frankfurt 1927
Foto: Pieperhoff

RICHARD STRAUSS.
By Victor Straus.

Richard Strauss, Karikatur von Victor Straus

Literatur

Abell, Arthur M.: *Gespräche mit berühmten Komponisten. So entstanden ihre unsterblichen Meisterwerke*, Garmisch-Partenkirchen 1962. [Neuausg.] *Gespräche mit berühmten Komponisten über die Entstehung ihrer unsterblichen Meisterwerke, Inspiration und Genius - Richard Strauss, Brahms, Puccini, Humperdinck, Max Bruch, Edvard Grieg*, Kleinjörl bei Flensburg 1981.

Bartl, Andrea: *Im Anfang war der Zweifel. Zur Sprachskepsis in der deutschen Literatur um 1800*, Tübingen 2005.

Bayerlein, Sonja: *Musikalische Psychologie der drei Frauengestalten in der Oper Elektra von Richard Strauss*, Tutzing 1996.

Dies., *Verkörperte Musik – Zur Dramaturgie der Gebärde in den frühen Opern von Strauss und Hofmannsthal*, Hamburg 2006.

Bengtsson, Maria: Korrespondenz mit Lena Nieper, Anfang 2014. [unveröffentlicht]

Fassbaender, Brigitte: *Mein Leben mit Richard Strauss*, in: Die Zeit, Nr. 40, 2013
http://www.zeit.de/2013/40/richard-strauss-fassbaender/seite-2

Friedrich Nicolas Manskopf 1869-1928: Ausstellung der Stadt- und Universitätsbibliothek Frankfurt am Main 31. August bis 6. Oktober 1978/ hrsg. von Hartmut Schaefer, Frankfurt 1978.

Göttsche, Dirk: *Die Produktivität der Sprachkrise in der modernen Prosa*, Frankfurt am Main 1987.

Haas, Willy: Gespräch mit Hugo von Hofmannsthal, in: Zeitgemäßes aus der *Literarischen Welt*, Stuttgart 1963.

Haas, Willy: *Hugo von Hofmannsthal*, Berlin 1964.

Hamann, Brigitte: „Das Frauenbild um die Jahrhundertwende", in: *Richard Strauss, Hugo von Hofmannsthal, Frauenbilder*, hrsg. von Ilija Dürhammer und Pia Janke, Wien 2001, S. 15–22.

Hofmannsthal, Hugo von, Richard Strauss, Briefwechsel. Hrsg. von Willi Schuh, Zürich 1952

Ders., *Buch der Freunde*, Frankfurt 1967.

Ders., Gesammelte Werke in Einzelausgaben, *Aufzeichnungen*, Frankfurt 1973.

Ders., Gesammelte Werke in Einzelausgaben, Dramen, *Elektra*, Berlin 1930; Dramen II, *Elektra*, Frankfurt 1954.

Ders., Gesammelte Werke in Einzelausgaben, Lustspiele I, *Der Rosenkavalier*, Frankfurt 1979.

Ders., Gesammelte Werke in Einzelausgaben, Prosa II, Frankfurt 1976, *Ein Brief*, S. 7-20.

Ders., Gesammelte Werke in Einzelausgaben, Prosa II. , *Shakespeares Könige und große Herren*, Ein Festvortrag, Frankfurt 1973, S.127-150.

Ders., Gesammelte Werke in Einzelausgaben, Prosa III. Blick auf Jean-Paul, Frankfurt 1976, S. 153-158.

Ders., Gesammelte Werke in Einzelausgaben, Prosa IV, Frankfurt 1977, *Die Ägyptische Helena*, S. 441-460.

Humperdinck, Eva: *Der unbekannte Engelbert Humperdinck im Spiegel des Briefwechsels mit seinen Zunftgenossen*, Band 1, 1884-1893, Wien/Koblenz 2004.

Khittl, Christoph: „Nervencontrapunkt als musikalische Psychoanalyse. Untersuchungen zu Elektra von Richard Strauss", in: *Frauenbilder*, a. a. O., S. 211–231.

Mohr, Albert Richard: *Friedrich Nicolas Manskopf zu seinem 50. Todestag*. Vortrag zur Eröffnung der Ausstellung, in: *Friedrich Nicolas Manskopf 1869-1928*: Ausstellung der Stadt- und Universitätsbibliothek Frankfurt am Main 31. August bis

6. Oktober 1978/ hrsg. von Hartmut Schaefer, Frankfurt 1978, S. 7-28.

Panofsky, Walter: *Richard Strauss: Partitur eines Lebens,* München 1965; Berlin, Darmstadt, Wien 1967.

Richard Strauss : sein Leben und Werk im Spiegel der zeitgenössischen Karikatur, ausgewählt u. kommentiert von Roswitha Schlötterer-Traimer. Mainz [u. a.] 2009. (Veröffentlichungen der Richard-Strauss-Gesellschaft, 20)
Richard Strauss – Hugo von Hofmannsthal – Frauenbilder, hrsg. von Ilija Dürhammer und Pia Janke, Wien 2001.
Richard Strauss und die Oper, „Trägt die Sprache schon Gesang in sich ...", anlässlich der Ausstellung im Theatermuseum, Wien, 12.6.2014 – 9.2.2015, hrsg. von Christiane Mühlegger-Henhapel und Alexandra Steiner-Strauss, St. Pölten, 2014

Schlötterer-Traimler, Roswitha: *Richard Strauss in der zeitgenössischen Karikatur,* in: Akademie aktuell: Zeitschrift der Bayerischen Akademie der Wissenschaften, Ausgabe 2, 2011, S. 24-27.
Schmieder, Wolfgang: *57 unveröffentlichte Briefe und Karten von Richard Strauss in der Stadt- und Universitätsbibliothek Frankfurt/Main,* in: Festschrift Helmuth Osthoff zum 65. Geburtstage, Tutzing 1961, S. 163-179.
Schüssler-Bach, Kerstin: *Mondlicht und Metamorphosen. Über musikalische Momente,* in: „Daphne", Programmheft der Staatsoper Hamburg 2008, S. 25.
Stern, Ernst: *Bühnenbildner bei Max Reinhardt,* Berlin 1955.
Strauss, Gabriele: *Lieber Collega! Richard Strauss im Briefwechsel mit zeitgenössischen Komponisten und Dirigenten,* 1. Band, Berlin 1996. (Veröffentlichungen der Richard Strauss-Gesellschaft, 14)

Strauss, Richard, Hugo von Hofmannsthal: *Briefwechsel*, Gesamtausgabe hrsg. von Willi Schuh, 3. Aufl., Zürich 1964 sowie 5., erg. Aufl. Zürich 1978.

Strauss, Richard: Ausgewählte Briefe, hrsg. von Rüdiger Görner, Frankfurt 1999.

Ders., *Betrachtungen und Erinnerungen/* hrsg. von Willi Schuh, 2. erw. Ausg., Zürich 1957 sowie 3. Ausg., Zürich 1981.

Ders., *Dokumente: Aufsätze, Aufzeichnungen, Vorworte, Reden, Briefe*, hrsg. von Ernst Krause, Leipzig 1980.

Unseld, Melanie: „*Man töte dieses Weib!*" *Weiblichkeit und Tod in der Musik der Jahrhundertwende*, Stuttgart 2001.

Zeitgemäßes aus der *Literarischen Welt* von 1925-1932, hrsg. von Willy Haas, Stuttgart 1963.

Žuraj, Vito: Interview mit Lena Nieper am 23.11.2013. [unveröffentlicht]